ワークつき

子どものつまずき
からわかる

算数の教え方

平岩幹男 医学博士【監修】

澳塩 渚 公認心理師、まなびルームポラリス主宰【著】

合同出版

まえがき

　私は、これまでに放課後等デイサービスなどで学習支援に携わる中で、算数の教科学習につまずく子どもたちを数多く見てきました。

　数の理解や算数では、まちがえた問題の内容からどの単元でつまずいているのかはわかりやすいですが、つまずきの背景に何があるかまでは考えにくいところがあります。そのため、つまずきへの対応が、できない部分の反復学習をただ行うだけになってしまっていることもよくあります。

　私が関わってきたケースでは、できない問題を何度も繰り返していくうちに、学習そのものに強い拒否感を抱いてしまう子どももたくさんいました。「計算ができないなら、計算練習をもっとたくさんすればいい」といういわば迷信にもひとしい対応はよく行われていますし、一見正しいように見えます。しかし、算数のつまずきの背景にあるものは記憶力だけではありません。計算の前には数のイメージを持つことが重要となりますし、そこでつまずいている子にいくら計算手順のみを教えてもうまくいきません。

　子どもたちの学習の誤りは指導者にとって、重要な手掛かりです。なぜなら誤りを分析していくことで、その子がどのような方法で学習を理解しているのかがわかるからです。それがわかると、答えを導くための支援の手立てにもつながります。

　「誤り」「まちがい」というと、理解を妨げる悪いものとして扱われがちです。ここで教える側が肝に銘じておかなければならないことは、子どもたちは「でたらめに誤るのではない」ということです。

　自分が持っている知識を組み合わせ、新しい知識を自分の中に取り入れようとするときの手順や考え方の問題から誤りは起きます。誤りは、新しく知識を取り入れようと試行錯誤する子どもたちの努力があるから生じるのです。努力を軽視してはいけません。そこにはその子がこれまでに獲得してきた知識と、その次の知識の獲得をサポートするための情報が詰まっているはずです。

　このように考えると、誤りをその子の弱点や評価するためだけにあるものと考えてしまうことが、いかにつまらないことかがわかるかと思います。

この本は、子どもたちの発達によってどのように数理解が進むのかを解説し、さらに子どものつまずきをアセスメントしながら必要なサポートに取り組めるように作りました。そのため、小学校で学ぶ数の理解の前の段階からなるべくていねいに説明しています。

　数の理解は、学校の勉強だけでなく、お金や時間の管理などの生活面にも関係します。数がわかることで、子どもたちの世界は大きく広がります。新しいことを学び、それを吸収していく過程は本来楽しく、希望に満ちているはずのものです。

　子どもたちは自分に合った方法で考え、取り組み、理解することから達成感を感じとります。それが繰り返されることで自信や肯定感も育まれます。勉強ができるようになることも大事ではありますが、学習支援をとおして育まれるものとして、達成感や肯定感もまた重要なものです。

　この本が子どもたちの学びがより良いものになるよう、子どもたちの学習支援に関わる方々の参考になれば幸いです。

澳塩　渚

MOKUJI

数字の前に

■ 数理解の道筋

　小学校に入ると算数の授業が始まりますが、実は子どもたちはその前から「数」について学び始めます。

　数字を使って計算をするだけが数の理解ではありません。幼児期の子どもたちは遊びの中で10まで数えたり、大きさを比べたり、量を比べたりすることができます。これもまた、数の理解の一部です。

　このような理解は誰かに教えてもらって身につくというよりは、生活の中でさまざまなもので遊んだりするうちにだんだんと獲得されていく力です。

　自然に獲得されていくとはいえ、そのスピードにはかなりの個人差があります。中には、数につながる力が自然に身につきにくく、数の理解を促すためにその道筋を大人がサポートする必要がある子どももいます。

　ここでは、数字を理解するようになるまでの「数理解の発達の道筋」を解説していきます。

　小学校入学後に算数でつまずきを抱えてしまった場合は、一度ここまでさかのぼってチェックしてみてください。数字を理解する前の段階では、その後の数の理解につながる重要な要素がたくさんあります。

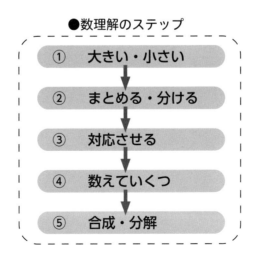

●数理解のステップ

①　大きい・小さい

②　まとめる・分ける

③　対応させる

④　数えていくつ

⑤　合成・分解

　②の「まとめる・分ける」にもいくつかの段階があります。

　まず同じものかちがうものかがわかる段階、次に形や色などの目で見てすぐに

わかるまとまりで分類できる段階があり、色や形で分けられるようになると、次は「動物」「乗りもの」などのカテゴリーで分けることができるようになります。

●②まとめる・分けるの段階

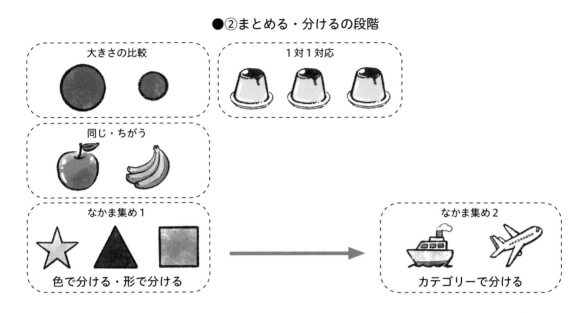

数の学習は「目で見てわかる」ということから始まります。

 黒いいちごと白いいちごはどちらが多いでしょうか。

ぱっと見ただけで、黒いいちごのほうが多いことがわかります。

1対1で対応させて2種類のものを比べれば、数というものを知らなくても、どちらが多いか少ないかを比べることが可能になります。

まだ数を知らない子どもたちは、1、2、3……と数えて比べることができません。それでも、1対1の対応と見た目の大きさで、量を推測することはできます。このように、ものを対応させ、見た目から数の大小を理解することが、数理解の基礎になります。ここまで理解するにも下のステップの①〜③の順序があります。

①大きい・小さい ⇒ ②まとめる・分ける ⇒ ③対応させる

大きい・小さいの理解

　数理解の最初は、「大きい・小さい」という感覚の理解から始まります。

　同じ大きさのものを横に並べてみると、数が多いほど見た目（量）も大きくなっていきます。

　ですから「大きい小さい」がわかれば、１対１対応させたときに大きいほうが、量が多いということがわかるのです。

　２つのものを見比べて、どちらが大きいか大きさの見分けができていても、「どちらが大きい？」という質問には答えられない場合があります。感覚ではわかっていても、それを表す言葉の表記が結びついていない段階です。

■ 大小理解のサポートのコツ

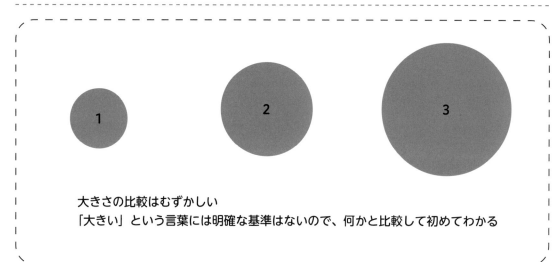

大きさの比較はむずかしい
「大きい」という言葉には明確な基準はないので、何かと比較して初めてわかる

左下の図のように大きさのちがう 3 つの丸がある場合、2 の丸は 3 の丸と比べた場合「小さい」となります。しかし、1 の丸と比べた場合には「大きい」となります。

　つまり、比べる対象によって、大きいか小さいかは変化します。いくつかのものの間にある関係性を理解することが大小の理解なのです。比べるのは目の前にあるものですが、実際に見ているのはそのものとものの間にある関係になります。

　大人は、「これは大きなりんごだね」というように、比べる対象が隣になくても大小関係を表す言葉を使うことができます。頭の中で一般的な大きさのりんごがイメージとして記憶に定着しているので、それを思い出すことで比較しています。ところが、まだ生活経験が少なく、ものの概念として持っているイメージが少なかったり、記憶の力が未成熟だったりする子どもたちにとっては、イメージの中のものと比較することは困難になります。

■ 大きい・小さいを理解するための言葉

　大きい・小さいを理解するためには、言葉の理解も必要になります。

　反対言葉の絵カードなどを使ってもいいですが、この段階では実際に手に持って操作できるものを使ったり、日常の中でも実際にものを見ながら言葉と対応させていくほうが進めやすいです。

　「お母さんの手は大きい・○○ちゃんの手は小さい」というように、2 つのものを並べ、大きい・小さいを意識できるように言葉を使っていくと、概念と言葉がつながりやすくなります。

教材例 ①小さい人形　大きさを比べるときには、必ず比較するものを隣に置く

　2 つのものの大きさを比べるときには、大きさ以外は同じものを使ったほうが、色や服の形など他の要素に気をとられることが少なくなります。

教 材 例 ②型はめ

　2つのものの大きさの比較ができるようになってきたら、3つのものを比較して大きさの順番に並べるなどをすると「大きさ」の関係性に気がつきやすくなります。

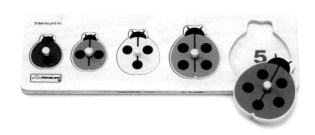

◆ファーストピックアップパズルてんとう虫（ボーネルンド社）

教 材 例 ③絵本『おおきい　ちいさい』

　絵本をゆっくりと読みながら、「大きい・小さい」を確認していくこともおすすめです。

◆元永定正『おおきい　ちいさい』（福音館書店）

■ 大きい・小さいが理解できたら

　大きい小さいがわかったら、同じように「長い・短い」「高い・低い」「太い・細い」などの概念理解に進めていきます。

　「大きい・小さい」「太い・細い」「高い・低い」が目で見てわかるようになると数の理解につながってきます。

　「大きい・小さい」「太い・細い」「高い・低い」という見た目のちがいを、もっ

と詳細に「どのくらい大きいのか」がわかるようにしたものが数値です。

　ですからまずは、「大きい・小さい」というような目で見てわかる要素の理解から始めることが必須になります。大きさのちがいがわかり、この先の段階でそこに数が加わることで、大きくなればなるほど数が増えていくということの理解に結びつきます。

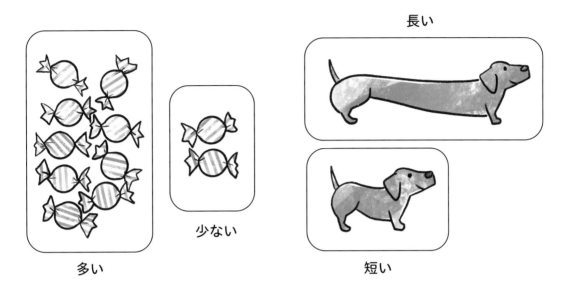

長い

少ない

多い

短い

コラム　数の発明

　人類はいつごろどのようにして数を発明したのでしょうか。

　実は新石器時代には人類は数のもとになるものを発明していたそうです。その時代に、ねんどをこねて作った小さな道具が使われていました。

　それにはさまざまな形があり、数えるものによって使い分けられていました。例えば、油つぼは卵型の道具と対応され、油つぼが1個なら道具も1個、2個なら2個と対応しています。

　油つぼが売れて1個なくなれば道具は1個余ります。すると、数字を持たなくてもものがいくつ売れたのか見てわかるわけです。多い、少ないという「見てわかる」ものがあれば増減がわかるわけですね。その後紀元前3000年から紀元前2700年くらいに、メソポタミア文明で数字が使われ始めます。

　人類における数の獲得の順序と、子どもたちの数概念の獲得はとてもよく似ています。人類が長い時間をかけて発明した数を、子どもたちは産まれてから数年で獲得していくと考えると、その理解の途中で多くの誤りが起きうることも納得できるのではないでしょうか。

まとめる・分ける

■ 同じ・ちがうの理解

　私たちがものを数えるとき、同じものをまとめてから数えます。

　例えば、下の絵のようにネコとイヌが複数いるとき、イヌとネコを区別し、同じものをまとめて理解しています。

「ネコは何匹いますか？　イヌは何匹いますか？」

　では、次の問題ではどうでしょうか。

下の絵の中に、鳥は何羽いますか？

　「3羽」と答えられたかと思います。

　この絵の中にはヒヨコ・ワシ・フラミンゴと3種類の鳥がいます。それらをすべて「鳥」と認識するためには、それぞれの名前よりも鳥類という大きなカテゴリー（同じ種類のまとまり）を理解しておかなければいけません。

下の図のように、ものは何層ものカテゴリーにわかれています。

ものを数えるときには、カテゴリーに分け、同じカテゴリーに入ったものを同じなかまと考えます。「言葉のカテゴリー理解」というと、言葉の学習のように思えますが、カテゴリーの理解は数の理解にも大事な役割を持っています。

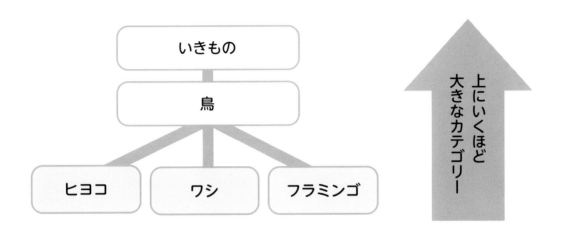

■ カテゴリー分けのサポート

まずは、目で見てまったく同じものどうしをなかまにする「同じ・ちがう」の理解から始めます。

「同じ」という言葉がむずかしい場合、「なかま外れ」などの言葉を使うとわかりやすいかもしれません。

もんだい なかま外れはどれ？

なかま外れを探すことができるようになってきたら、次は目で見てわかる形以外の要素で分けていけるようにします。

教材例 ①ビーズ集め・タイル集め

　色や形がちがうビーズやタイルをいくつか用意しておくと、カテゴリー分けの練習に役立ちます。また、100円ショップなどにあるカラー洗濯ばさみなども利用できます。

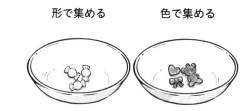

　　形で集める　　　　色で集める

●同じ色と形で集める

　同じ色と形のものを1つの皿やトレーに集めます。同じものを集められるか、同じものがわかるかというチェックにもなります。

●同じ形で集める

　丸、三角、四角など同じ形のものを集めます。

●同じ色で集める

　色という「同じ」の要素への注目を促します。

◎なかまあつめのポイント
- -

　集めるときは、トレーやお皿を使って集めたものを置く場所を決めておきます。トレーは白いものにすると、集めたものの確認がしやすいです。

 　　課題用に新しく教材を買うべき？

　本屋さんやおもちゃ屋さんに行くと、たくさんの知育教材が並んでいます。数の学習に関するものだけでもかなりの数があります。

　市販の教材は優れている点も多いですが、目的に合わせてすべてそろえるとなると、かなりお金がかかります。この本で紹介している教材は、一部を除き100円ショップやホームセンターなどで入手できるものに限定しました。数の理解の発達や、サポートの方法がわかれば、知育用の専門教材でなくても十分に教材として活用することができます。

　すでに持っているおもちゃでも、数の学習に使えるものもたくさんあります。学習の目的がわかってくれば、今持っているおもちゃの活用法も見つかるかと思います。

教材例 ②なかま外れにつかえる

　職業・動物・着るもの・くだものなどカードに書かれたアイテムをなかまで分けていく遊びです。

　本来は七並べのような遊び方をするカードゲームですが、同じなかまで重ねたり、なかま外れを探す遊び方もできます。

◆どれの仲間かな？（リンゴプレイ社）

■ 課題が単調になってきたら

　色や形で分ける課題やカテゴリー分けの課題は、何をするかがはっきりしているのと、絵カードや写真などの使いやすい教材が多いのでとりかかりやすいですが、選んで並べるという作業が単調になりがちです。そのため最初は積極的に取り組めていても、慣れてくると飽きてしまうことがあります。

　そんなときは、動きを取り入れてみると楽しく取り組むことができるかもしれません。色で分ける課題なら、ボールを同じ色のバケツに入れる遊びがあります。

　カテゴリー分けであれば、子どもから離れたところにミニカーやままごとのおもちゃ、人形などを置き、「くだもののなかまを持ってきて」と指示を出す「おつかいごっこ」も使える方法のひとつです。

数の対応を理解する

■ 1対1対応の理解

1対1対応をして比べることができる場合には、どちらの数が多いかが直感的にわかります。

また、ものを数えるときには、数をものに1対1で対応させていきます。このように1対1の対応は、数を理解するときにはなくてはならない要素です。

もんだい いすとうさぎはどちらが多い？

1対1対応も、ドリルやワークを使う前に、生活や遊びの中で学ぶ機会がたくさんあります。おままごとの皿とケーキの数、いすと人形の数など、1対1対応ができるものを使って理解がすすむようにサポートしていきます。

教材例 ①タイルをトレーに入れる

仕切りのあるトレーにものを入れていくことは「1つに1つを対応させる」1対1対応の理解につながります。

製氷皿や仕切りのある入れものにタイルやビー玉などを1つずつ入れていきます。1つ入れるごとに「1個に1個」と、ゆっくり声に出して確かめながら行います。

⊙ 1 対 1 対応理解のサポート

　　上のイラストのような大型の製氷皿に、人形やタイル・ビーズなどを 1 部屋に 1 つ入れていきます。ぴったり入る大きさのもののほうが 1 対 1 を体感しやすくなります。

　　最初は対応させてぴったりはまる数を用意し、慣れたら「部屋とタイルとどちらが多い？」という質問にステップアップします。

教材例 ②シールやマグネットを使った遊び

　　100 円ショップに行くと、おままごと遊びのためのマグネットやシールがいろいろ売られています。これらは 1 対 1 の理解に使いやすい教材になります。

　　キャンドゥで売られている「フレークマグネット」は特に使いやすいです。皿と食べものがわかれているため、皿の上に食べものをのせていく 1 対 1 対応が遊びながらできます。

　　「おすしマグネット」は、シャリとネタも分離できるので、シャリとネタ、皿とおすしなどさまざまな 1 対 1 の対応が可能です。

　　数唱と数理解をするとき、おすしとお皿の数を対応させてみましょう。

例）完成させたすしと皿の対応

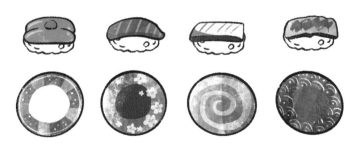

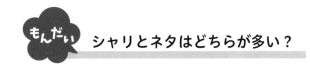

　同じ数のものを１対１で対応できるようになったら、片方を少なくしてみます。そして多いほうを指さし、「こっちが多いね」と声に出して確かめます。

　食べものや乗りものなど、子どもたちが日頃生活をしている中で見たり触ったりしているものを教材にすると、頭の中でイメージしやすくなります。見立て（ビー玉をお団子ということにするなど）をするにはイメージする力が必要なのです。

教材例 ③人形遊びを使った「１人に１個」の対応

　お人形と同じ数だけお菓子を置いていく課題です。あえてお菓子を全員分置かず、「みんなの分あるかな？」と質問してみてください。

「みんなに１個ずつ」という１対１の規則を使った遊びに、いす取りゲームがあります。普段の遊びの中にも数の理解につながることが隠れています。

数えていくつ

　多くの子どもたちは生活の中で、数を正しい順番で唱えること（数唱）を身につけてきます。しかしもしできなくても方法はあります。

　例えば「かくれんぼで鬼は 10 数えてから見つけに行く」、「お風呂から出る前に 10 まで数える」などの遊びや生活経験をとおして、数がどのような順番に並んでいるのかを理解していくことが多いでしょう。もしそうした経験をしていなかったら、楽しく遊びながら始めてみましょう

　数唱ができるなら数についてよくわかっているように思えますが、この時点で子どもたちは、2 つは 1 つよりも 1 つ大きいというような量の理解はできていないことが多いです。

　1 から 100 まで唱えることができても、それは 1 から 100 の数量を比較できることを意味する分けではありません。

　数には順序を表す順序数という側面と、数量を表す概念の側面があります。子どもたちはまずは順序としての数から理解し、そして数量の概念へと進んでいきます。

数	順序を表す　1、2、3、4、5……
	数量を表す　1つ、2つ、3つ……

■ 数唱のサポート

　数唱の順番をまちがえることもあります。そうした場合、すべての数唱が毎回ちがった順番で出てくることはほとんどありません。いつも正しく数えることができている部分と同じように誤る部分、そして毎回順序が変わってしまう部分があるはずです。

例）1回目の数唱

1・2・3・4・7・
8・11・15・
17・19・20

2回目の数唱

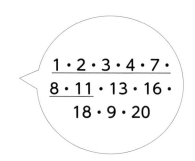

1・2・3・4・7・
8・11・13・16・
18・9・20

　正しく数えられている部分は、その子が獲得している正しい数字の順序です。毎回誤るところが、まちがって理解している部分だと考えてよいと思います。

　この例では1から4までの数唱はできていますが、5、6、9、10が抜けています。また、抜けている数詞はあるものの、小さいほうから大きいほうへと数唱はできています。

　ところが、11をこえると毎回数唱が変わっています。11から先は、自分が知っている数を思い出しながら順番につなげているように見えます。

　以上のことから、1から4までは正しい数唱ができている。11までは出てきていない数があるものの、小さいものから大きいものの順に並べられており、その先はまだ未定着であるということがわかります。

　このようにして誤りを見ていくと、正しく定着しているところ、学習中のところ、未定着のところが割り出されます。この例の場合は、まずは5を目標にしてまちがえずにできるようになったら10までの正しい数唱を目指すことがおすすめです。

■ 正しい数唱を身につけるには

　まだ文字を理解していない子どもたちにとって、学習は「まねをすること」が中心になります。5までの数唱を聞くこと、まねして同じように唱えてみることで徐々に身についていきます。1度だけでは忘れてしまいやすいので、いろいろな機会に数を唱えるようにするといいでしょう。

　お風呂につかってゆっくり5まで数える、積み木などを並べて数えることなどもおすすめです。

　また、子どもの中には、大人とのやりとりで学ぶよりも子ども番組の数の学習コーナーを観るほうが合っている子もいます。言葉のやりとりだけで学ぶと、相手の表情や周囲の音や光などそこには学習する内容以外の要素も入ってきます。そのため、今自分が覚えるべきものが何なのかわからない場合が出てきます。動画などの活用も視野に入れるといいかもしれません。

■ 10 以降の数唱のポイント

19 までは数えられても、20 が 12 になってしまうことがよくあります。

10 進法では、いちばん下の位の数が 9 になると、次の数でその上の位の数が増えていきます。

この仕組みがまだ十分に理解できていない場合、19 から 20、29 から 30、さらに桁が上がる 99 から 100 などで誤りが起きやすくなります。

数唱のお手本を見せるときに「**じゅ**うきゅう、**に**じゅう」というように最初の音を大きくはっきり発音するとわかりやすくなる場合もあります。

数の大小の感覚がつかめて、数唱が安定してくると、いよいよ、ものを数えることが始まります。ものを数える練習をしてみることで、数の理解はさらに進みます。最初に順序が理解できるようになり、次に、「数えた結果全部でいくつあったか」という数量へと進みます。

まずは目で具体物を見て、そこに数を1対1で対応させていく経験から始めます。

●数えることの発達

- 数唱ができる
- ものと数の1対1対応ができる
- ものが整列していなくても数詞を対応できる

◉数えることのサポート

大人がものを数える見本を示します。

具体物は、ばらばらの形のものより同じ大きさで同じ形のものを使うほうが理解しやすくなります。

数とものの1対1対応関係を理解できるように、ものに指を直接つけ、指の動きに合わせて「いち・に・さん……」とゆっくり数えます。

■ 指を使って操作して数える方法

　目で見たものを頭の中で数えることができるようになるためには、指を使って、数えるものと数の1対1対応を確認する操作を身につけることも必要になります。

　ものに指をつけてぎゅっと押す、あるいはスライドさせるなど、さわった感覚も使って数えていきます。

教材例 ひも通しを活用した数える練習

　手の動きがぎこちなかったり、唱える数と指さしがずれやすい場合は、ひもにとおしたビーズなどを使って1つずつ発音しながら数えるとうまくいくことがよくあります。10玉そろばんなども活用できます。

　数えながらビーズを右に送っていけば、どこまで数えたかわかりやすいです（左利きの場合は左に送ると見やすい）。

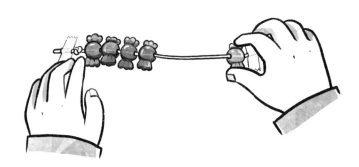

　特徴がちがうものが交ざると混乱してしまうことがあります。

　教材は今持っているおもちゃも活用できますが、数える練習をするときには同じ大きさで同じ形のものがあると便利です。100円ショップに売っているあひるの人形やインテリア用のタイルが使いやすいと思います。

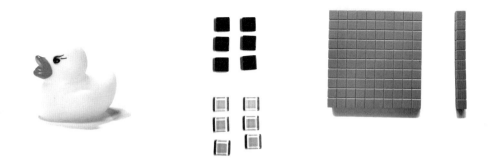

■ 前から何番め、全部でいくつ

　数の理解は、「順序がわかること」、「方向がわかること」、そして「量がわかること」（並んで動物を数えて全部で何匹いるかがわかること）へと移っていきます。

もんだい　「前から2番めの動物は何？」

前　　　　　　　　　　　　　　　　　　　　　　　　　　　　　後

■ 前から何番めか？（順序数の理解）

　順序の理解は、背番号をつける作業に似ています。上のイラストでいえば、クマに「1」、ブタに「2」、イヌに「3」、ウサギに「4」、ネコに「5」という番号を割り振っていくようなものです。

　この段階では、ものに対して数を1対1対応させただけなので、数量の理解は伴っていなくても正解してしまう場合があります。この場合は、いくつかあるものの中から「3つとって」といった指示にはまだ対応できません。

（前）（後）

もんだい オレンジの服のクマは前から何番め？

（前）（後）

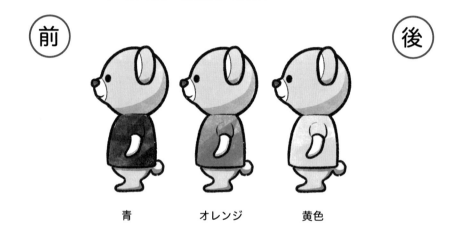

青　　　オレンジ　　　黄色

⊙ 順序数を理解するためのサポート

　まずは３つくらいの具体物から始めます。
　「〇番め」という言葉が順序を表しているとわかるようになることが最初の一歩です。
　前から「1、2、3」と指さしながら具体物を指導者が数えます。
　そして、「黄色い服の前は何番め？」「青い服の子は何番め？」という質問に答えられるようにしていきます。むずかしい場合は、指を使って並んだ具体物を数えることに戻ります。
　３つの順序がわかれば４つ、５つと具体物の数を増やしていきます。
　具体物で正確に順序を答えられるようになったら、プリント学習に取り組むこともできます。

24

6 整列していないものを数える

　整列したものを正確に数えることができるようになったら、今度はばらばらに置かれたものも数えてみます。

　どのような配置でものが置かれていても、順序を割り振ることができることに気がつくことがポイントです。

■ 「全部でいくつ」へ

　声を出しながら順番にものに数を割り振っていくと、最後に言った数がその集合の「全部でいくつ」の答えになります。

　どんな配置でものが並んでいても、最後に数えた数が5であれば、そこには5つのものがあることになります。「全部でいくつ」は下のいちごの絵の ☐ で囲った範囲ということです。これが数のまとまりとなります。

「何番め」の場合は順序
（最後に言った数）を答える

「全部でいくつ」の場合は
この5は全部で5個あることを
意味する

◉数量理解のサポート

　順番に具体物を数えられるようになったら、次は量の理解をサポートしていきます。具体物を3つ並べ、順番に数えたあと、手でまとめ「全部で3個」といいます。

　「全部で」という言葉をキーワードにして、さらにまとめるという動作を伴うことで「数量（量としての数）」のイメージを持てるようにします。

■ 合成・分解

「全部でいくつ」がわかると、数の合成と分解の理解に進む準備ができます。また数量が理解できると、「途中で数えるのをやめる」こともできるようになります。

5個並んだものを3までで数えるのを止めて、3個と2個に分けてみます。これが分解です。

また、数えて2個のものに、数えて3個のものを合わせてみます。そうすると全部で5個になります。これが合成です。

「5は2と3」というような「いくつといくつ」が分解、「2と3をあわせて5」というような「全部でいくつ」が合成です。合成と分解の理解ができるようになると計算へとつながっていきます。

●順番から数量の理解へ

最後に言った数が
全部の量であることに気がつく

1 2 3 4 5

3個

5個

「全部で何個あった？」の質問に
答えることができるようになる
「3個とって」の指示で
3個とることができる

■ 合成と分解を理解するサポート

まずは3の分解から始めます。3つの具体物があることを数えて確認し、そのうち1つを箱などで隠します。「箱の中にいくつ？　箱の外にいくつ？」と質問します。

こうして、3個のものが「1個と2個」に分けられることを、具体物の操作をしながら確認していきます。

「箱の中に2個、外に1個。2個と1個に分けられるね」と言葉にして確認します。3つのものが1個と2個に分けられることを、箱の中と外で分けながら続けます。

　３つのものが分けられるようになったら、具体物を４つに増やし、１個と３個・
２個と２個・３個と１個に分けられることを確認します。
　５つのものは、１個と４個、２個と３個、３個と２個、４個と１個で分けます。
まずは３から始め、５の分解、最後は１０の分解まですすめてみましょう。

数の理解

　小学校に入学すると、これまで紹介した概念を応用して、数字を使った計算が始まります。計算するとき、数字と＋－×÷（演算子）を使って数の操作を行います。

　計算するためには、数字の意味を知るとともに、数の増減をイメージできるようになることが重要です。

■ 数えた結果と数字

　算数とは数字と演算子（＋－など）を使って、それを操作していくことが主な学習内容です。

　入学前に０～９の数字を書ける子もいますが、数字を書くことができることと数字の意味がわかることは同じではありません。

　何かを数えて「いくつあったのか」という結果である数量を記すことが数字の役割ですが、ゾウが５頭いても、アリが５匹いても、その数を表す数字はどちらも「５」です。

　数量の理解を十分に獲得し、さらにものを数えて、数えた結果いくつだったかという経験を積んで、初めて数字の意味に結びつきます。

　ここでもいくつかの段階に分けて練習します。

●数字と数が結びつくまで

具体物
数の理解の補助に使われる。実際に触って数えることができる

半具体物
数の理解の補助に使われる具体物よりも抽象的で、数字の代わりとなる。３羽のアヒルも３つのチョコレートも●●●で表す

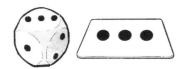

数字
数で表すものの中では最も抽象度が高い。どんなものでも３つある状態は「３」で表す

■ 具体物と半具体物

　ものを数えていくつあるかを確認する段階が最初の具体物を使った理解です。

　具体物とは実際に手に持って数えられるものをさします。おもちゃやお菓子、鉛筆などはすべて具体物です。

　数えることに慣れ、「全部でいくつか」「どんな順番で数えても数えた結果は変わらない」「最後に言った数がその全体の数」だということがわかってくると、半具体物の理解に進んでいきます。

　半具体物とは、「具体物のように数えることができるが、より抽象的なもの」です。例えば、サイコロの目は半具体物です。点の数を数えればそれが表す数がわかります。大きなサイコロでも、小さなサイコロでも、色が変わっても、表すものは変わりません。「数えてわかる」ものですが、より数字に近いものです。

　こういった半具体物がものの数の概念につながり量を表していることが理解できるようになると、最後に数字と結びつきます。数字は、具体物の数も半具体物の意味も表すことができます。

　小学校に入学してすぐの算数の学習では、絵を見て同じ数のタイルを並べたり、絵と同じ数の数字と線でつなぐなどの学習をしますが、これは具体物、半具体物、数字の関係が理解できているかを確認していく手順です。

●「数えていくつ」から数字の意味へ

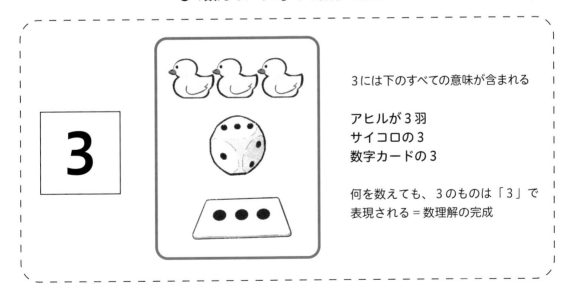

3には下のすべての意味が含まれる

アヒルが3羽
サイコロの3
数字カードの3

何を数えても、3のものは「3」で
表現される＝数理解の完成

　数字が理解できるようになると、今度は計算が始まります。

　数えた結果である数字を＋と－の演算子を使って操作するのが計算です。

下の絵を見て答えましょう。

● ◯で　囲みましょう。

　小学校で計算を学ぶ前に、このような「前から何人、何番め」という問題が出てきます。これはまさに順序と数量の理解を問うものです。

　「前から何番め」は順序で、「前から何人」は数量を示しています。

　数の理解が未熟な場合にも苦労しますが、「問いかけ」の意味が理解できていない場合にも誤りが起きやすい問題です。

> **⊙前から何番めのサポート**
>
> 　言葉と動作で「前から何番め」「前から何人」の理解をうながすことができます。「前から2番め」のときは問題を読み上げるときに「め」を強めに発音し、前から2番めのものを指さします。「前から2人」のときには、前から2人を指で囲みます。体の動きと合わせて、言葉の理解を進めていきます。指をさして確認しながら、慣れてきたら目で追って2番めをさすようにしてみましょう。

たし算の意味

■ たし算の理解

　たし算とはどのような意味を持つのかという理解が、計算をする上で重要になります。

　2個のタイルと3個のタイルを合わせることが、2＋3という計算をすることだと理解できるかということです。たし算は「増えること」を意味する計算です。

　「増える」という意味を理解するには、日常生活の中での経験も関わってきます。お菓子を1つ持っていて、お母さんにあと2つもらったら手元のお菓子が増えたという場合を例にして考えてみましょう。

　たし算に関する経験では、「もらって増える」「新たにやってくる」などいくつかの場面があります。あとの文章問題にもつながってくるので、日常生活の中で、「これはたし算」というように言葉にしておくことが必要です。

■ ひき算の理解

　たし算とひき算では、ひき算のほうが理解しにくいようです。減るということがどのようなことなのかイメージするのがむずかしいときには、「食べる＝減る」という身近な経験を形で言葉にして理解を促します。

　イラストのようにおもちゃの口の中にお菓子を1個入れ、「3個から1個食べると3－1で残りは2」という具体物を使って理解を促すとわかりやすくなります。「減っていくこと」を実際に操作してみせることがポイントです。

　食べものは身近な教材ですが、食べると減ってしまうということがつらくて学習に取り組めない場合があります。もちろん練習が終わったら別の食べものがごほうびになるというやり方もあります。

食べもの以外を使う方法では、人形とそれが入る箱のようなものを用意して、「3人いました。1人家に帰りました」というように数が減っていくイメージを持てるようにします。

■ くり上がりのある計算を攻略する（さくらんぼ算）

10までのたし算の単元が終わると、今度はくり上がりのある計算が登場します。

答えが20以下の計算を暗算で行う方法として、10のまとまりを作る方法が小学校ではよく教えられています。数の分解と合成を書き込んだ形がさくらんぼやバナナに似ているため「さくらんぼ算」「バナナ算」と呼ばれることが多いようです。

この本ではこのような計算の名前は「さくらんぼ算」で統一します。

1年生の算数で子どもたちが特に苦手意識を持ちやすいのは、この「さくらんぼ算」かもしれません。さくらんぼ算は、数を分解し、合成して10のまとまりにすることが求められます。

十進法で数は進みますから、2つの数を分解して10を作るのはたしかに実用的な方法です。しかし、この作業がどうしても苦手な子たちがいます。

10を作るために必要な2から9までの数の分解は全部で20通り存在します（重複を除いた場合）。これを使いこなすことは、一度にたくさんのことを覚えたり、

たくさんのことを一度に処理したりするのがむずかしい子にとっては大変です。

　分解をしているうちにもう一方の数を忘れてしまったり、考え込んでいるうちに授業が先に進んでいってしまっているということが起きてきます。

　数の理解の速度は個人差が大きいため、数の分解や合成という意味が理解できていない子にとっても、「さくらんぼ算」は理解がむずかしいと思います。

　分解とひき算のちがいがわかりにくく「たし算なのにどうしてひき算が出てくるの？」と混乱する子もいます。

■ 10 のまとまりを作ることがむずかしい場合

　例えば 8 ＋ 6 の場合は計算をするとき、さくらんぼ算のやり方では、8 を見て、あといくつたせば 10 になるかを考えます。このようにある数が 10 になる（桁が上がる）ために必要な最小の数のことを補数といいます。

● 10 にするための補数の例

元の数	補数
5	5
6	4
7	3
8	2
9	1

　補数が見つかったら、補数を作るために今度は 6 を分解し、2 と 4 に分解します。8 と 2 で 10 を作ったら、そこに 4 を加えて 14 という答えを出します。

　補数によって分解が変化するので、分解のパターンをいくつも覚えなければなりません。7 ＋ 4 のように、片方の数字のみ 5 を超えている場合は数えたしで何とかなっても、8 ＋ 6 のように両方の数字が 5 を超えたときには計算が困難になる子もよく見かけます。

　「さくらんぼ算」がむずかしいとき、「5 のまとまりを必ず 2 つ作る」という方法だと計算が楽になります。

　8 ＋ 6 の計算をこの方法で行うには、まず 8 を 5

と3に分解します。次に6を5と1に分解します。すると、5のまとまりが2つできるのであとは「5といくつ」の「いくつ」をたし合わせるだけです。

10は常に5と5の合成になるので、計算の負担が減ります。

●暗算の負担を減らす

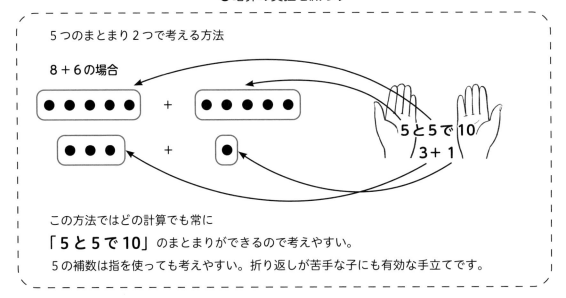

5つのまとまり2つで考える方法

8＋6の場合

5と5で 10
3＋1

この方法ではどの計算でも常に
「5と5で10」のまとまりができるので考えやすい。
5の補数は指を使っても考えやすい。折り返しが苦手な子にも有効な手立てです。

2桁以上の数

■ 計算の手続きと数理解

　1桁どうしの計算ができるようになると、今度は2桁と3桁の計算が登場します。

　答えが20を超える計算をするようになると、筆算を使って計算することが増えます。一見、暗算よりも計算ミスが少なくなるようですが、筆算を正確に行うには以下の2つの理解が必要になってきます。

①計算の意味の理解

　数字の大きさと、桁が正しくイメージできるというステップです。

　236であれば、百の位の2は200であり、100が2つ。十の位の3は30であり、10が3つのこと、一の位の6は1が6つであることなどが理解できることが必要です。

　数は10のまとまりで大きくなります。1が10集まって10、10が10集まって100、100が10集まって1000…となります。ここで「まとまり」がうまくとらえられず、つまずくことも多くなります。

　1が10個で10までは具体物を使って操作しやすいためイメージしやすいのですが、10のまとまりが10個集まって100になると数が多くなり具体物が使いにくいのでイメージがしにくいことがあります。

②手順の理解

　正しい手順で計算をするというステップです。たし算やひき算では誤りが少ないですが、2桁どうしのかけ算などでは手順が重要になります。

　②の手順の理解だけでも計算は正解できます。

　しかし、①の理解が不足していると、計算結果がだいたいどのくらいの数になるかの推測がむずかしくなります。そのため、見直しをしても計算の誤りに気がつきにくいことがあります。

$$
\begin{array}{r}
5\ 2 \\
\times\ 1\ 6 \\
\hline
3\ 1^{1}2 \\
+\ 5\ 2\ 0 \\
\hline
8\ 3\ 2
\end{array}
$$

■ お金を活用する

　10 集まることで位が上がることが理解しにくい場合に、お金を使ってサポートする方法があります。お金は身近ですので、イメージしやすく理解の手助けになりやすいです。

　くり下がりは数字だけではイメージしにくいので、下の図のように「両替」という形で説明すると理解できる場合があります。

　くり上がりやくり下がりにも、いきなり図などで説明するのではなく、本物の硬貨やおもちゃの硬貨を使って操作したほうが記憶に残りやすくなります。

　10 のまとまりとしてお金を使うことは数理解の手助けになりますが、お金を使って買いものができるようになるためにはお金には 5 円、50 円、500 円と 5 の単位があるので、前に話した 5 〜 10 の合成と分解の理解が欠かせません。

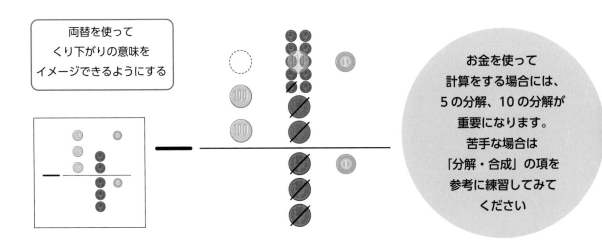

両替を使って
くり下がりの意味を
イメージできるようにする

お金を使って
計算をする場合には、
5 の分解、10 の分解が
重要になります。
苦手な場合は
「分解・合成」の項を
参考に練習してみて
ください

■ ブロックを活用する

　お金を使って大きな数の理解を促していく方法も有効ですが、ブロックを使って理解につなげる方法もあります。

　お金は身近なものなのでイメージにつなげやすいのですが、本物の 100 円硬貨は 10 円硬貨の 10 倍の大きさをしているわけではありません。そのため「100 ってどのくらいの大きさ?」という大きさのイメージには対応できないという弱点があります。

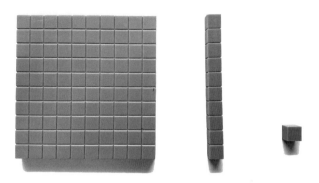

　大きさを具体的にイメージするには上の写真のようなブロックが役立ちます。
　10のまとまりによって量が増えていくことが見てわかるので、増加する量の
イメージの形成に役立ちます。下の写真のような1列に10個の玉がとおされて
いる玉そろばんなども理解の手助けに使えます。

◆くもんの玉そろばん120
（くもん出版）

九九を理解する

　九九も学習のつまずきがおきやすい単元です。何度も暗唱したり、リズムで覚えるなどの方法がよくとられていますが、これだけでは習得がうまくいかない子もいます。

　九九の習得のむずかしさの原因は 2 つに分けられます。

①九九が持つ音の問題

　九九では、4 は「し」と発音し、7 は「しち」、9 は「く」と発音します。よく似た音の並びなので、どの音がどの数字に対応していたかわからくなりやすいのです。また、「しち」は「はち」との聞きまちがいがよく起こります。

　音を聞いて文字を思い浮かべにくい子の場合は特に、音による混乱が起きやすいのです。

　また、例えば「しち・く・ろくじゅうさん」と唱えるとき、それが「7 × 9 ＝ 63」という式と対応しにくい子もいます。この場合は、九九の仕組みや増加のイメージはできるけれど、暗唱ができないということになります。この場合、九九の持つ音と数字が頭の中でつながらないので九九の暗唱が困難になります。かけ算がわかっていれば、九九の暗唱は必須ではありません。

　しかし、クラスの中で自分だけ九九の暗唱ができないということが気になって自信をなくしてしまうこともあります。そのようなときには、九九カードを工夫することで学びやすくなる場合があります。

②数の増え方のイメージ

　九九は段ごとに増えていきますが、数字を見ただけではそれが増加することが理解しにくい子もいます。

　順番に聞いて覚えたり、唱えたりすることに大きな問題はなくても、数の増加のイメージが伴わないと、計算の度に九九を最初から唱え直さないと答えが出ないというようなことが起こります。

■ 数字の聞き分けがむずかしい場合

　数字の聞き分けがむずかしく 4、7、9 の区別がしにくいときには、九九の発音を変えてみる方法があります。4 は「よん」、7 は「なな」、9 は「きゅう」で唱

えてみます。

まちがいやすい7の段は「ないちがなな、ななにじゅうよん、ななさんにじゅういち、ななよんにじゅうはち……ななきゅうろくじゅうさん」と読み上げます。

■ 九九と式の対応がむずかしい場合

「しち・し・にじゅうはち」という暗唱と「7 × 4 = 28」という計算式が対応しないこともあります。

聞いて理解することがむずかしいのは、どこまでが式であり、どこからが答えなのかわかりにくいためです。九九の暗唱は、答えが1桁の場合は「ににんがし」というように「＝（は）」に対応するところに「が」が入りますが、すべてに「が」が入っているわけではなく統一されていないことが混乱する原因です。

このようなときには、**九九のカードに読み仮名を振ったものを使う**手があります。どの数字のどの音が対応しているのかを見てわかるようにします。理解できたら文字は徐々に小さくしていきます。

■ 記憶することが苦手な場合

九九は81個すべてを覚える必要はありません。

1 × 1								
1 × 2	2 × 2							
1 × 3	2 × 3	3 × 3						
1 × 4	2 × 4	3 × 4	4 × 4					
1 × 5	2 × 5	3 × 5	4 × 5	5 × 5				
1 × 6	2 × 6	3 × 6	4 × 6	5 × 6	6 × 6			
1 × 7	2 × 7	3 × 7	4 × 7	5 × 7	6 × 7	7 × 7		
1 × 8	2 × 8	3 × 8	4 × 8	5 × 8	6 × 8	7 × 8	8 × 8	
1 × 9	2 × 9	3 × 9	4 × 9	5 × 9	6 × 9	7 × 9	8 × 9	9 × 9

5 × 2と2 × 5のように、かける数とかけられる数が反対になるものを除けば上の図のように九九で覚える必要があるものは45個です。

■ 暗唱に詰まって、最初から唱え直す場合

九九の途中で詰まったり、答えが思い出せなくなったとき、例えば「6 × 3は18だから？」というヒントを出しても、6 × 4が6 × 3 = 18に6をたすとい

う発想が出てこないのは、九九の仕組みがわかっていないために起きていることがあります。

　九九の増加のイメージを持ちにくいことが背景にあるので、下のように見て増えたことがわかるような九九の一覧表を使うと増加のイメージが持ちやすくなります。

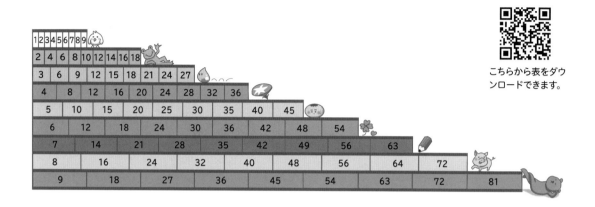

こちらから表をダウンロードできます。

© まうどん

　方眼用紙などを使って9×9のマスを作ると理解しやすいこともあります。

　最初は1～9の順番で練習して慣れてきたら順番をランダムにして練習してもいいですね。

かける数

	1	2	3	4	5	6	7	8	9
1									
2									
3									
4									
5	5	10	15	20	25	30	35	40	45
6									
7									
8									
9									

かけられる数

かけ算の手順
手順の多い計算

　3年生になると、2桁×2桁のかけ算が登場します。

　扱う数字の桁が増えるほど、位取りの誤りが起こりやすくなります。

　並びあった2つの位は右の位に対して左は10倍を表しますが、数量のイメージが苦手な場合、それぞれの位にある数字の関係が理解しにくく、計算ミスに気がつきにくくなります。

　目で見て形や位置をつかむことがむずかしい場合、筆算を書き写すときに位置を誤ることもあります。

　また、「和・差・積・商」など、計算の結果を漢字で表すことも増えてきます。新しい言葉を覚えることが苦手なために、教科書の内容がわからなくなることもあります。

■ 計算の手順が身につきにくい場合

　計算の手順が身につきにくい場合、自分に合った手順表を作ってみることが有効です。頭の中だけで手順を考えながら計算するのは負荷がかかるので、頭の中で行っている作業手順を目で見えるようにしておくわけです。

　手順表は文字で示したほうがいい子どももいれば、矢印などの一目でわかる方法で示したほうがいい子どももいます。

　59ページで紹介する同時処理と継次処理を参照してください。

■ 大きな数のイメージがむずかしい場合

　10個のりんごはイメージできても、1000個のりんごを鮮明にイメージすることはむずかしいでしょう。大きな数になればなるほど、具体的にイメージすることはむずかしくなります。

　このようなときは、自分の生活の中にあるものを使ってイメージを助けていく方法があります。36ページでお話ししたように身近なものはお金です。1円が10枚で10円。10円が10枚で100円。100円が10枚で1000円。1000円が10枚で10000円です。隣り合った位の関係がわかりにくいときには、お金

に変換して考えてみるとわかる場合があります。

　また、ブロックなどを使っていく手もあります。ブロックが積み重なっていくと、重さも増えますので、感覚をとおして増加のイメージがつかめます。

●数字の位置取りに誤りがある場合

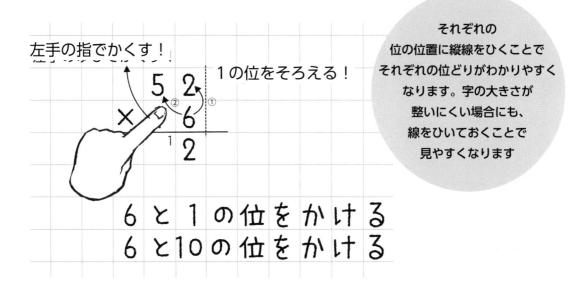

左手の指でかくす！

1の位をそろえる！

それぞれの位の位置に縦線をひくことでそれぞれの位どりがわかりやすくなります。字の大きさが整いにくい場合にも、線をひいておくことで見やすくなります

6と1の位をかける
6と10の位をかける

◉2桁以上の筆算のサポート

　たて線を活用します。2桁以上どうしのたし算は1の位をそろえるように補助線をひいておきます。かけ算の場合は、数字を○や×で囲んでおくことで書きまちがいが減ります。

■ 数のまとまりの理解と計算の関係

　下の図のような3桁×3桁のかけ算の筆算を練習しているときに、「どうして1段ずつずらして書かないといけないの?」という質問をした子がいました。

　図の斜線部分は0なので省略しているため数のイメージがつかめなかったようです。

　計算の手順は理解できていても、数の大きさをイメージできていない場合、2段目の計算結果は1万8120ではなく、1812だと思ってしまうことがあります。

　また、それぞれの計算が302×3、302×60、302×100となっていることも理解できていませんでした。

　このように、計算結果が合っていることだけに注目していると、別の単元に進んでから数の大きさの理解でつまずいていたことに気づくことがあります。

●3桁のかけ算

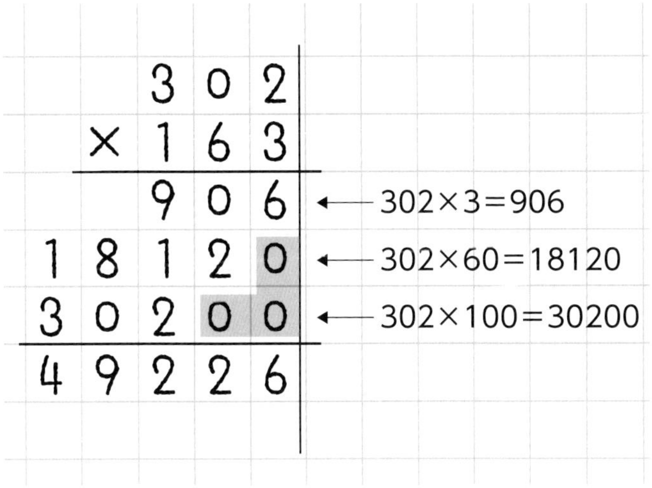

```
      3 0 2
  ×   1 6 3
      9 0 6    ← 302×3＝906
  1 8 1 2 0    ← 302×60＝18120
3 0 2 0 0    ← 302×100＝30200
  4 9 2 2 6
```

> 0を省略しないで書く練習をして慣れたら書かないという方法もありますね。

12 わり算の手順
手順の多い計算

　小学校4年生になるとわり算の筆算も始まります。

　これらの計算は、計算の手順が複雑なため、手順を覚えることが苦手な子にとっては計算の誤りが起こりやすくなります。

■ わり算の筆算

　もっとも計算の手順が多くなるのがわり算です。

　①たてる②かける③ひく④おろすという4つの手順が必要となります。

　数をこなすだけでは解決することがむずかしく、できるまで繰り返す、書いて覚えるだけでなく、体を動かすことで手順を覚えていく方法があります。

参考：『小学4年生までのつまずき総ざらえ 算数レスキュー隊』（岩崎書店）

　①たてる②かける③ひく④おろすという手順をラジオ体操のように大きな動作で覚えていきます。①たてるのときは大きく上に手を上げ、②かけるのときは腕で×を作ります③ひくのときはひき算のマイナスを表すように腕を横に伸ばし、④おろすときは下に向けておろします。

　動作の際には必ずそれぞれの動きの言葉を「たてる！　かける！　ひく！　おろす！」というように唱えます。

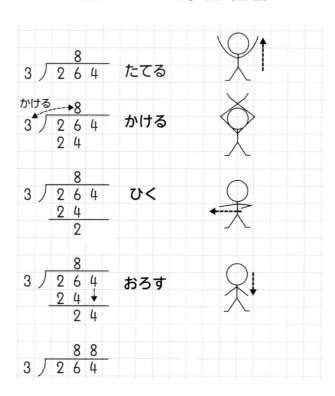

■ あまりのあるわり算

　整数のわり算には、あまりのある場合もあります。

　計算手順はあまりのあるなしで変化しませんが、あまりが出る場合はわり算の意味の理解が必要です。わり算はある数を等分すること、あまりは等分できなかった量とするとイメージしやすくなります。

　「あまり」についても、実際に具体物を操作してみることが理解につながります。タイルやブロックなどを使ってみるとわかりやすくなります。

● 5 ÷ 2 の理解

　5つのケーキを2人で同じ数ずつお皿にのせるなど「あまり」の意味を見て理解できるようにします。

もんだい　11個のケーキを5人で分けます。何個あまるでしょうか。

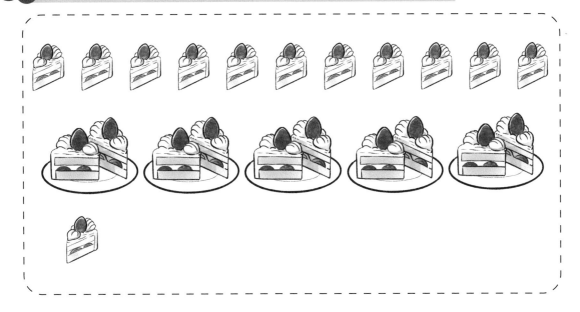

小数・分数

　小数の学習では、新しい言葉がたくさん登場します。これまで整数を使って学習してきましたが小数と分数の学習では、最初に言葉の意味の理解でつまずきが起こりやすいのです。

　まず、小数を学ぶとき、「かさ」という言葉が登場します。「かさ」は分量・体積といった意味の言葉ですが、日常生活の中ではほとんど使いません。

　そのため、耳になじまず「これからどのような学習をするのか」がわからなくなる子がいます。また、小数の学習では「だいたいこのくらい」と計らずに入れた「目分量」などの聞きなれない言葉も登場します。

　まずはこれらの言葉の意味を解説し、イメージしやすい言葉に直すことが必要です。

■ 小数の役割　連続量がなかったら？

　小数は、それまで扱ってきた数と性質がちがいます。

　それまでは「みかんが1個、2個、3個…」というように、数えた結果を示すものとして数を扱ってきました。1個1個手に取れるものを数えるときに使います。

　しかし数はそれだけではありません。長さや水の量などの単位がついたものを計る場合0と1の間にも数が連続して存在しています。小数はこの連続量の一種です。小数はこの間に存在するたくさんの数です。

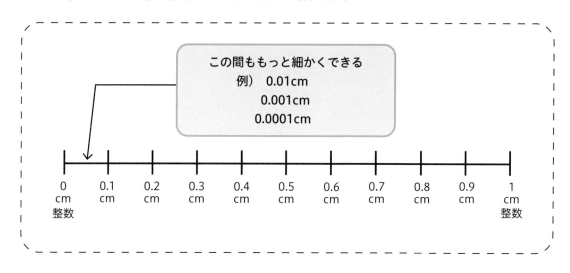

定規を見てください。0cmと1cmの間にも目盛りがありますね。このように、整数と整数の間を埋めて連続した量にするためのものが小数や分数です。

　こういった性質を持つ数を連続した量といいます。つまり、小数というのは今まで扱ってきた整数とはまったく性質の異なった数の世界を学習するということになります。

　数と量のイメージの形成には個人差が大きく、最初は理解しにくい子もいます。

　自分の身の回りにも小数があることに気がつきにくい子にとっては、小数の意味はイメージしにくく、理解しがたいものです。

　整数とのちがいをイメージできるようにすることや、実際に小数が使われている場面を生活の中で体験をすることも理解につながります。

　いろんなサイズがあるコーラを見てみましょう。

●小数のイメージをつかむ

| 0.16L | 0.25L | 0.35L | 0.5L | 1L | 1.5L | 2.0L |

　このように、小数が使われているものを見てみると、1.5Lのコーラは2Lのコーラよりも小さいということが目で見てわかります。数直線では小数の大きさが想像しにくい子でも、大きさのイメージが具体的にわかりやすくなります。

　さまざまな大きさのペットボトルを使って、そこに水を入れ、量を比べる活動をしてもいいかもしれません。

コラム　もし整数しかなかったら……

　もしこの世の中に整数しかなかったらどうなるでしょうか。

　長さが35cmのカステラを買ってきて、4人で同じ長さに分けようとするときに困ります。1人分を8cmにして、あまりの3cmを4人で分けようとしても、目分量では正しく分けられません。しかし小数があれば、全員で同じ長さで分けることができます。

■ 小数の計算手続きを身につける

　小数にも数量のイメージの理解と計算の手続きの理解という 2 つの側面があります。イメージをすることが苦手な子の場合、連続量という新しいイメージを身につけるには時間がかかります。

　生活の中で長さや水のかさ、単位を知っていくことで徐々に連続数がイメージできるようになるかもしれませんが、機会を見つけて練習してみましょう。

　連続量がどういうものかうまくイメージできなかったとしても、手続きの理解を進めていきます。

　小数はつまずきやすく、また嫌いになりやすい単元です。簡単なところから始めて「問題が解ける」ことを優先し、まずは学習を嫌いにならないことを目指すといいでしょう。

■ 小数のしくみをとらえる

　小数の問題で最初に誤りやすいのが 10 倍、$\frac{1}{10}$ という問題です。

　3.5 の 10 倍は 35、10 分の 1 は 0.35 です。10 倍、100 倍とすると、小数点は右に動きます。$\frac{1}{10}$ 、$\frac{1}{100}$ のときは左に動きます。

　まずはこの小数点の移動ができるようになることが、小数を嫌いにならないポイントになります。

　整数の場合は 1 の位の後ろに小数点が隠れていることに注意が必要です。

■ 小数の計算

　小数の計算は 3 桁のたし算、ひき算ができれば、計算の手順は同じです。

　重要なことは、小数点の位置をそろえることです。小数の計算が正しくできるためにも、整数の計算手続きが正しく行えることが重要です。小数のかけ算も手続きは 3 桁×ひと桁の計算と同じです（最後に小数点を戻す）。

　3 桁どうしの計算手続きが、その後の計算の基礎になっていることがわかるかと思います。

■ 分数の理解

　小数と並んでつまずきやすいのが分数です。

　日常生活の中で目にすることが少ないので、授業で初めて見るという子もいます。 $\frac{1}{2}$ のように、何分の何という言葉だけではイメージできず混乱することも

多い単元です。まずは、日常で使っている言葉を分数と関連づけていくことが必要です。

半分＝$\frac{1}{2}$から始めるのがわかりやすいです。大事なのは、実際に操作してみることです。何かを半分に切ってみる経験をとおして、同じ大きさに切ったものの1個分がもとの大きさの$\frac{1}{2}$になることを実感します。

使いやすいのは真ん中にマジックテープのついたままごとセットです。1つのものを切る、2つに切れる（分母）、その中の1つ（分子）を手に取って確かめてみます。

慣れてきたら、紙テープなどを使って、分母が大きくなるほど1つ分が細かくなっていくことを体験してみます。

時計の読み方、時間

　時計の読み方もむずかしい点が多い学習のひとつです。時計を読むとき、短針と長針がさし示す数字をそのまま読めばいいのではありません。

　時計の文字盤を読むときには「範囲」を読まなければいけません。そのため時計の読み方では以下のようなつまずきが見られます。

①短針と長針の読み方がわからない

②「何分かかりましたか」というような、時間の計算が必要な問題はわからない

■ 短針と長針の読みのつまずき

短針

　短針は長針と連動するので、時間が進むほど次の時間の位置に近づいていきます。例えば2時55分では短針はほとんど3の位置にいます。

　そのため、2時55分を3時55分と読みまちがえることが起こります。時刻を正しく読むためには、どこからどこまでがその時間の範囲なのかということを知る必要があります。

長針

　長針が1周すると60分です。

　この60分で1時間という単位は、今まで経験したことがないものなので、すぐには理解できないこともあります。そのため、長針が1の位置にあるときにも「1分」と呼んでしまう誤りが起こります。

　また、細かい目盛りを目で追うことが苦手な場合、読みまちがうことがあります。教材はできるだけ大きく作成し、読みまちがいを防ぐ配慮が重要です。

■ 針の読み方を補助する時計

　知育時計・スタディクロックと言われる時計があります。文字盤に短針と長針の読み方をサポートする工夫がしてあります。本格的に時計の読み方を勉強する前、時計の見方に慣れるときなどに使えます。

　時計を読むために必要な、短針の範囲を色で示してあるワークシートがありま

すが、ヒントとなる範囲の色分けや数字は学習を進めるごとに減っていき、最終的にはヒントなしで時計が読めるようになることを目指します。

1ページに載っている課題の量が少ないので、課題に集中しやすい作りなのも学習しやすいポイントです。

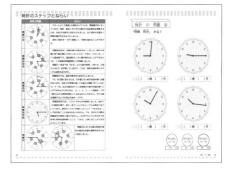

『1日1歩　スモールステップ時計ワークシート』
（合同出版）

■ 時間の計算のつまずき

① 「あと何分」というような時間の計算のつまずき

もんだい

あおいさんは10時20分に出発し、12時40分におばあちゃんの家に着きました。出発してからおばあちゃんの家に着くまでは何時間何分かかりましたか。

● 「時間の流れ」を時計から読み取るのはむずかしい

時計から時間の流れを読み取る場合、針が進んだ範囲を読み取らなければなりません。

10時から10時15分というように、進んだ範囲をそのまま読み取ればいい場合はまだわかりやすいですが、例題のように時間をまたいでしまうと範囲の読み取りは困難です。ここでつまずく子が多いのです。

> **⊙数直線を活用するサポート**
>
> 時間の流れを意識しやすくするために線分図が効果的です。左から右に進むと時間が経過していくようにします。
>
> 線分の長さが時間の経過の長さをそのまま表すので、時間の長さがわかりやすくなります。

時計が読めるようになると、「何分後」という課題が出てきます。

「今は7時20分です。50分後は何時何分ですか」というような問題です。これも苦労することがよくあります。実際に時計を見ながら答えても、わからなくなってしまうこともあります。

そんなときに役立つのが数直線です。時間の進み方がわからない場合、時間を1本の線に見立てて書いてみます。

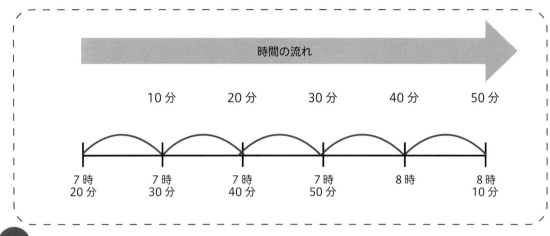

もんだい **太郎さんは7時30分に学校に向かいました。起きたのは出発の45分前です。起きたのは何時何分ですか。**

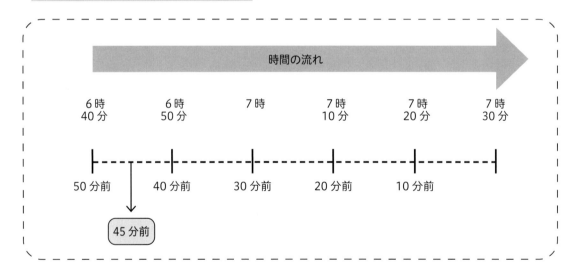

時間をさかのぼる問題でわからなくなってしまう理由は、時間の流れがイメージできないからです。数直線に書くことで、左から右に時間の流れが確認できるようになります。

「何分後?」の問題のように、7時から8時へと時間をまたぐときにも数直線を書いてみれば数理解がしやすくなります。

　時間をさかのぼって考える問題のときは、線分を点線にするなど、書き方を変えるとわかりやすくなります。

　時間をまたぐ問題は数直線の中のどこで時間をまたぐかに注意しながら行います。目盛りを指で数えて確認しながら行います。

　目盛りの理解がしにくいなどの理由で数直線でもわかりにくい場合は、磁石などで教えるのもよい方法です（57 ページ参照）。

文章題を解く

　数の理解とイメージができていて、さらに計算は正確にできても文章題でつまずくことがあります。文章の読みにくさが文章題の誤りにつながることもありますが、意味理解は良好で、文章は正しく読めていても、式が作れないということもあります。

　文章題を解くにはいくつかの処理が必要だからです。
- 文章を読む（変換過程）
- 書かれていることをイメージする（統合過程）
- 出てきた数字をどんな順番で計算しようか計画する（プランニング過程）
- 計算を実行する（実行過程）

■ 文章題に書かれている内容をイメージする

　「公園で男の子が 15 人遊んでいました。あとから女の子が 13 人やってきました。全部で何人になりましたか？」という文章題を読んだとき、それぞれのシーンがイメージできないと、最初にいた人数、あとからいた人数は増えたのか減ったのかがわかりません。

　文章題は 1 つの場面を思い浮かべればいいわけではなく、動画のように場面を変化させてイメージしなければなりません。そのため、「男の子が遊んでいる」「女の子がきた」と 1 つ 1 つの文章はわかっても、2 つの間でどのような変化が起こったのかわからないことがあるのです。

⊙文章をイメージ化するサポート

　絵で表して理解を助けます。

　イメージすることが苦手な場合は、絵を描くことにも拒否感が強いことが多いので、具体物で練習してみたり丸や四角を使って文章題の内容を整理していきます。

　「男の子は何人？」「あとからきたのは誰？」「何人きたの？」「最後に何て聞いてる？」というようにひとつひとつ確認しながら進めます。

　最初に絵を見てから文章題を考えてみるという練習も理解につながります。

■ 「合わせて」、「分けると」、といった言葉の理解

　算数の文章題には、式をたてるためのキーワードになる言葉が必ず含まれています。

　それを読み取り、演算子にかえて式を作ります。ですから、このキーワードの意味が理解できていないと立式の誤りが多くなります。また、キーワードになる言葉はいくつも種類があります。

　たし算ならば、「合わせて」「みんなで」「全部で」などです。どれか1つだけ覚えていても、正しく式が導けるとは限りません。さらに、かけ算のキーワードも「全部で」や「みんなで」が使われます。キーワードは1対1ではないわけです。

　キーワードを丸暗記するのではなく、内容を絵で表すなどしてイメージすることと合わせてキーワードの意味を理解していく必要があります。

■ 文章題で出てくる数字を正しい順番で処理できない場合

　「公園で男の子が15人遊んでいました。あとから女の子が13人やってきました。公園にいるのは全部で何人になりましたか。」のような、出てきた数字を順番にたしたりひいたりすれば解答にたどりつける問題は解けても、順番が異なったり複雑になるとわからないことがあります。

　イメージができ、キーワードの意味がわかっていても、どの数字をどうやって計算すればいいか考えることがむずかしいこともあります。下のような問題では、文章題のプランニングの過程に困難があると誤りが増えます。

　プランニングとは、ゴールにたどり着くために何をしたらいいかを頭の中で計画することです。文章問題の場合は、どのような順番で問題中に出てくる数を操作すればいいのかを考えることがプランニングの過程です。

もんだい　公園で何人か遊んでいました。最初に2人帰りました。あとから5人帰ると、8人残りました。最初に何人いましたか。

| 2人帰った | 5人帰った | 8人残った |

この問題のように、「最初にいくつあったのか」とさかのぼって考えることを逆思考といいます。

ゴールから逆算して必要な手順や操作を計画するということが苦手な場合、逆思考が必要な問題につまずきが見られることがあります。

日常生活のなかでも、片づけに時間がかかる、必要なものを考えて支度することがむずかしいという形でプランニング過程の苦手さが現れることもあります。

この場合は、わからない数を□でおいて式で順番に処理していくことが効果的です。

小学校3年生の後半で習う内容ですが、文章題に出てくる数を順番に処理することができる場合は、学校で習う前に学習しておいてもいいかと思います。

⦿文章題の作り方のサポート

チョコレートを2個持っています。3個もらいました。全部で何個になりましたか。

このように、文章題では一部の言葉を省略してあることがよくあります。
文章を読むことを学び始めた子どもたちは、ここから求めるべきものを読み取ることがむずかしい場合があります。
文章題を作ったり解き方をサポートしたりするときには、

花子さんはチョコレートを2個持っています。お母さんからチョコレートを3個もらいました。チョコレートは全部で何個になりましたか。

このようにできるだけ文章を省略しないほうが、式をたてる手がかりを見つけやすくなります。大人が元々の問題文に言葉を加えてサポートしてもよいでしょう。

■ 複数の単位が出てくる文章問題

「1mの重さが3.5kgの鉄の棒があります。この棒が7mあると重さは何kgになりますか。」

高学年になるとこのような、複数の単位が混ざった文章題が出てきます。重さと長さの関係を理解する必要があるため、つまずきが見られやすい問題です。

このような問題を解きやすくするために、数直線に書いてまとめる方法がよく使われます。

もんだい 1 mの重さが 3.5kgの鉄の棒があります。この棒が 7 mあると重さは何kgに
なりますか。

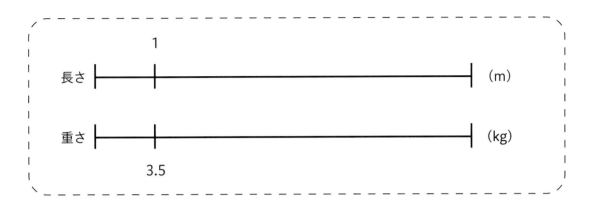

数直線をかくと、1m あたりの重さが把握しやすくなります。

しかし、1 がこのくらいの大きさなら、7 はこのくらいだろうという「大体の
大きさ」を把握し、それを線の長さに変換できないと、自分で線分図を書くのが
むずかしくなる場合があります。

だいたいの大きさがつかみづらい場合、日常生活でも単位や大きさの言いまち
がいなどが多くなります。例えば、「ノートの厚さはどのくらい？」と訊かれても
「5m」と答えてしまうようなことがあります。

■ 磁石やシールなど、1 つ分の大きさが決まっているものを使う

「1 m あたり 150 円のひもがあります。8 m あると、いくらになりますか。」
という問題では下のように、磁石などを使って、1 つ分の大きさを明確に、そこ
に合わせて線をひきます。

磁石 1 つ分の大きさがわかれば、それが長さのガイドになります。また、数直
線は、重さや人数なども線の長さで表します。他の単位を線の長さに変換すると
いうところで混乱し、理解が進まなくなってしまうこともあります。この場合も、「重
さを丸で表す」などと決めて、片方を数直線、もう片方を磁石やシールで表すこ
とで差別化をすることができます。

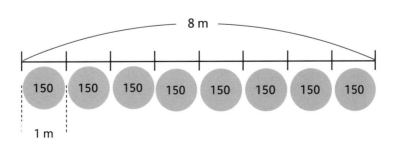

■ □を使った計算を活用するサポート

　1㎡あたり、3個のいちごがとれる畑があります。18個のいちごを取るには何㎡の畑が必要ですか。このような問題は「単位量あたり」といいます。全体の量を単位量あたりの量で割る解き方が使われます。しかし、18（個）÷3（個）の計算結果がどうして面積（㎡）になるのか混乱してしまう場合があります。

　1㎡あたり3個のいちごがあるので、3個のまとまりがいくつあるのかを考えれば、収穫に必要な面積を出せますが、1つずつ順番に考えた方が理解しやすい子や文章中の数と数の関係性をつかみにくい子には向かない考え方です。

　数直線を使っても解けますが、シールや磁石を並べる個数が多くなると作業が大変です。また、集中できる時間が短い場合は、並べるだけで精一杯になってしまい、学習が進みにくくなることもあります。

　このような場合は、□を使った計算を利用してみるといいかもしれません。最初は理解を助けるために、途中まで数直線をかいておきます。

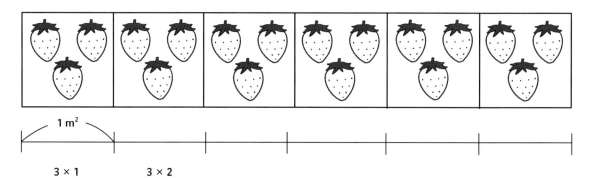

　面積ととれるイチゴの個数がどのような関係になるのか、式にしてみるとわかりやすくなります。1㎡では、3×1で3個、2㎡では3×2で6個というようにどのようなかけ算になるのか確認していきます。

　求めたい数を□とおいて式を作ります。この場合は3×□＝18となります。

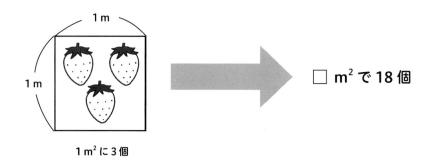

このようにすると、個数に注目して、1つずつ順番に考えていく子にもわかりやすい方法で計算できます。

コラム　同時処理と継次処理

　最近は GPS を使ったナビゲーションサービスが普及しています。

　知らない場所に行っても自分の現在地が地図上に示され、目的地を入力すれば順路を示してくれます。実際の道を歩いているかのように写真でナビゲーションしてくれるものまであります。おかげで迷子になる心配はずいぶん少なくなりました。方向音痴な私は、大変重宝しています。

　さて、このようなナビゲーションシステムですが、①地図が表示され、目的地までの道順を矢印で示すタイプ②「次の角を左へ曲がってください」というように順路を徐々に示していくタイプがあります。みなさんはどちらが使いやすいですか？

　現在地と目的地の位置関係を把握しやすいから地図タイプがいいという人もいれば、順番に目印と道がわかるから順路タイプがいいという人もいると思います。

　もう 1 つ例を挙げてみます。

　みなさんは家具の組み立ては得意ですか？　①完成図の写真を見ただけでサクサクと組み立てる人②組み立て手順を読んで一手順ずつ組み立てていくほうがわかりやすい人もいるでしょう。同時処理と継次処理というのは、これらと似ています。

　簡単にいうと、「全体から細部に理解を進めるか、細部から全体へと理解を進めるか」のちがいです。全体から細部の順に理解を進めることを同時処理といい、細部から全体へ理解を進めるのが継次処理といいます。私たちはこの 2 つの理解の順序（少しむずかしい言い方で認知処理）でさまざまなことを処理しています。

　この 2 つをバランスよく使える人もいれば、どちらかに偏っていることもあります。

　先ほどの例でいえば、マップを使うのは同時処理に近い理解です。順路は継次処理に近いです。写真を見て家具が組み立てられる人は同時処理が得意で、手順書の通りに組み立てたい人は継次処理が得意かもしれません。

　このような得意な理解のスタイルは学習にも大きく影響します。2 つに大きな偏りがある場合は、得意なことと苦手なことの差も出やすくなります。同時処理が得意な場合は、ざっと見て情報を取り入れることができます。しかし、指示を聞いてそれに沿って行動するなど、情報を順番に処理することは苦手かもしれません。

　継次処理が優位な場合は、スケジュールに沿って行動する、順番に考えていって結論を導くことはできるけれど、ひとつひとつの情報の共通点などを見つけて全体として捉え直すことは苦手かもしれません。

　普段の子どもたちの様子や、得意なことからどちらの理解が得意なのかを考えてみると、学習やサポートの方法を考えやすくなるかもしれません。

　同時処理と継次処理の得意・不得意を調べることができる検査には、KABC-Ⅱや DN-CAS があります。

①上の子と下の子、かみのけがながいのはどちらでしょうか？

答えは指をさしても、丸で囲んでも OK ！

こた
答え

 ②右と左、どちらが多いでしょうか？

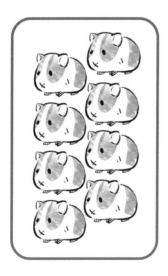

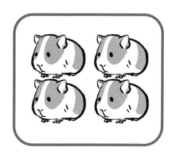

こた
答え

③下の絵の中で、なかま外れはどれでしょう？

答え

 ④シャリとネタ、どちらが多いでしょうか？

切りとって組み合わせてみましょう。

答え

⑤みんなの分、ドーナツはあるかな？

答え _____

 ⑥カップとソーサー、どちらが何こ多いでしょう？

答え _____ が _____ こ多い

下の絵を見て答えましょう。

前　　　　　　　　　　　　　　　　　　　　　　　　　　　　後

 もんだい
⑦前から3番めの動物は何でしょう？

こた
答え

 もんだい
⑧後ろから1番めの動物は何でしょう？

こた
答え

もんだい
⑨クマから後ろは何匹いますか？

こた
答え

⑩全員で3人います。箱の中に何人いますか?

答え _____

⑪全員で4人います。中に2人います。外に何人いますか?

答え _____

⑫全員で7人います。外に4人います。中に何人いますか？

こた
答え

 ⑬全員で10人います。外に7人います。中に何人いますか？

こた
答え

●コピーしてカードにして動かしてみましょう

下の絵を見て答えましょう。

もんだい ⑭前から 3 番めの動物は何でしょう？

答え
_____

もんだい ⑮後ろから 2 番めの動物は何でしょう？

答え
_____

もんだい ⑯前から 2 番めの動物は何でしょう？

答え
_____

もんだい ⑰後ろから 4 番めの動物は何でしょう？

答え
_____

もんだい ⑱うさぎは前から　　　　　番め

もんだい ⑲パンダは後ろから　　　　　番め

このページをコピーして
動物ごとに分け、
順番を変えて
きいてみましょう

⑳ 5このケーキを2人で分けます。あまりはいくつ？

答え

 ㉑ 7このおすしを2人で分けます。あまりはいくつ？

答え

 ㉒ 9このおすしを4人で分けます。あまりはいくつ？

答え

コピー用

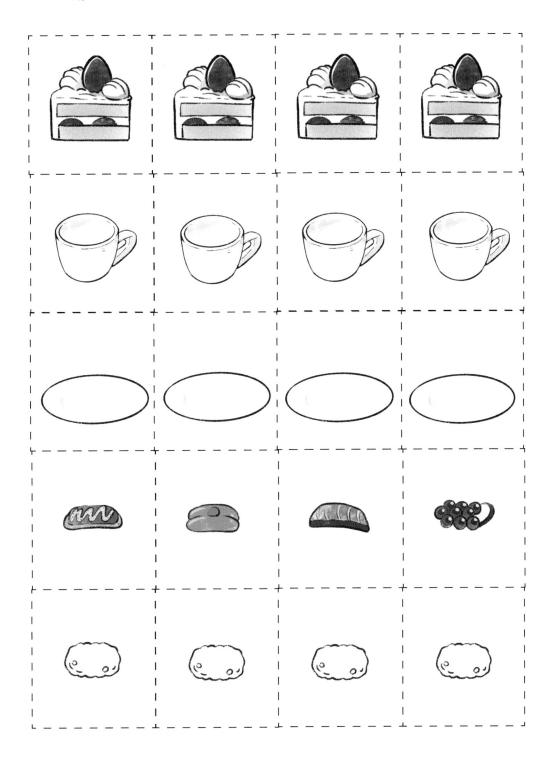

㉓ペットボトルからコップに水をうつしてみよう。

ヒント
水をどれだけこぼしても問題ないお風呂でやってみよう

 ㉔自動販売機やお店で好きなジュース、お茶にどんなサイズが

あるか調べてみよう。

ヒント
絵と数字と習った単位で書いてみよう

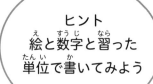

㉕めいさんは、10時30分に家を出て、40分後に病院につきました。

ついたのは何時何分ですか。

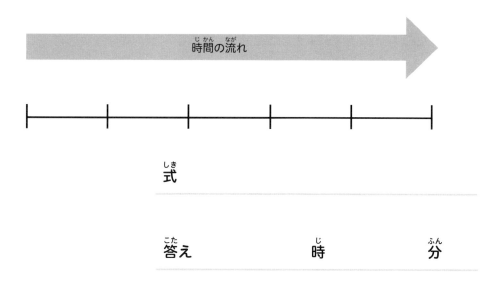

時間の流れ

式

答え　　　　　時　　　　分

 ㉖はるきさんは、15時に友達と駅で待ち合わせをしています。駅までは

15分かかります。何時何分に家を出れば、時間ぴったりにつきますか。

時間の流れ

式

答え　　　　　時　　　　分

㉗みかんが3こ、りんごが4こあります。

くだものはあわせて何こありますか。

式
_____

答え
_____

 ㉘車が10台止まっています。あとから4台きました。

全部で何台ありますか。

式
_____

答え
_____

㉙いちごが8こあります。じぶんで4こ食べました。

きょうだいに2こあげました。のこりは何こですか。

式 _____

答え _____

㉚ハムスターを3びきずつ5つのケージに入れました。

全部で何びきいるでしょう。

式 _____

答え _____

両替シート

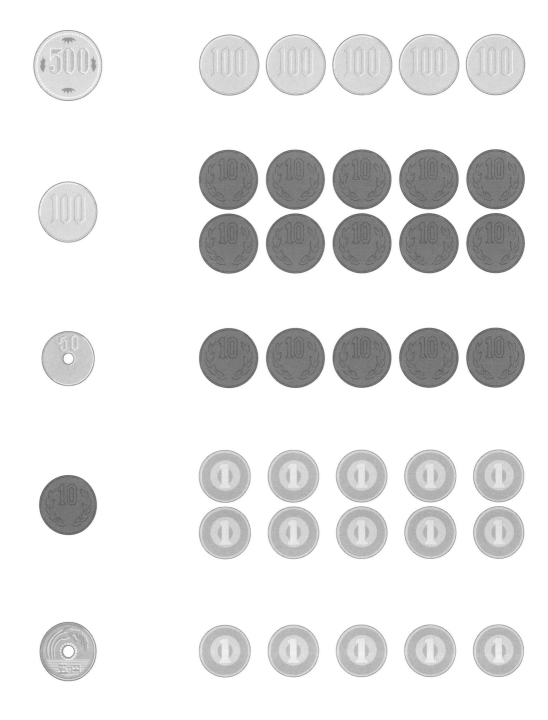

数の理解をサポートする教材

　数の理解をサポートするために、教材を無理に新しくそろえる必要はありません。これまで本の中で紹介してきたように、すでに持っているおもちゃや身近なものも、数の発達をふまえて使い方を考えれば教材になります。

　一方で、市販の知育用教材は、開発メーカーの持つ知識と経験が活かされ、子どもたちをひきつける工夫がされています。優れた市販教材を眺めてみると、数に対する新たな気づきが生まれることもあります。76 ページから、数を学ぶ際に役立つ市販の教材をおすすめポイントとともに紹介します。

　優れた教材とはどのようなものをさすのでしょうか。色鮮やかで、子どもたちの好きなキャラクターがついていれば、子どもたちはその教材を使って意欲的に取り組むのでしょうか。

　もちろん、好きなものが子どもたちの意欲を高めることは考えられます。ただ、見た目がきれいで鮮やかであることだけでは、教材をとおした活動は学びにつながりにくいようです。

　その教材が何を目的にしているのかがわかりやすくなければ、最初は飛びついた子どもたちも次第に飽きてきます。

　自分の中のどんな力を使えば目の前の問題が解けるのか、そのための手立てが整っている教材であれば、「やってみたいな」という気持ちを呼び起こすことができます。

❖ 経験と結びつく学び

　私は海外製の知育玩具が好きです。それらの多くが、日常生活と結びついたデザインだからです。例えば、オーチャード・トーイ社というイギリスのおもちゃ会社が作っている「バスストップ・ゲーム」（85 ページ）は、自分がバスの運転手になって、数字が書かれた乗客を乗せたり降ろしたりする、すごろくのような遊びです。プラスのマスに止まれば乗客を乗せ、マイナスのマスなら降ろします。バスには席が 10 個あるため、10 までのたし算とひき算が学べるようになっています。

数を数えることが身についてきた子どもたちを集めてこのゲームをすると、ほとんどの子が夢中になって遊びます。

　もしこのゲームに、バスという設定がなく、チップやブロックの増減を学ぶすごろくだったら、どうでしょうか。ここまで夢中になる子は少ないのではないかと思います。このゲームには「バスや電車に乗る」という日常の経験が算数に結びつく発見と、乗りものを動かす楽しみがあります。

　小学校で使う算数セットは数の理解を深めるため、シンプルで実用的な作りになっています。使いやすく、余計な刺激がないという利点がありますが、日常生活の中の数とのつながりを感じにくいこともあるのではないかと感じます。

　自分が知っていることや体験したことは学習の手掛かりになります。また、ここで知った数の知識を日常生活の中で意識してみるということにもつながります。経験と知識、知識と経験が結びつくと、記憶に残りやすくなります。

　遊びと学び、生活と学びは互いに影響しあっています。子どもたちの学びを考えるとき、それがどのくらい日常につながっていて、子どもたちをワクワクさせる活動かということも、また大事なのではないでしょうか。

❖ 「楽しい学び」は何でしょうか。

　学びというと、教科学習だけをさすように感じますが、新しいことに取り組み、それを自分の力にしていくことすべてが学びです。

　例えば、計算の反復練習は嫌がるけれど、コンピュータゲームで同じステージをクリアできるまで何度も遊ぶのは平気という子はたくさんいます。ゲームの中で、敵の配置を記憶し、ボタンの操作を正確に身に着けること、これも学びのひとつです。

❖ コンピュータゲームから考える負担のない反復

　どうしてコンピュータゲームは楽しく（もちろんうまくいかず苦しい場面もあるのですが）進められるのかを考えることは、教科学習の負担を減らす際に重要な視点になると私は考えています。

　コンピュータゲームが楽しい理由の１つに、正解か不正解かわかるまで

の時間が短いというところがあるようです。コンピュータゲームの場合、ボタンを押しまちがえたり、タイミングが合わなかったりして操作に失敗するとすぐにわかるように作られています。

　一方計算ドリルは、解く→丸つけの間が長く、小さい頃は大人の力を借りる必要もあります。このタイムラグが、「失敗した！じゃあやり方を変えよう、考え直そう」という気持ちを削いでしまうことが多いです。

　1回の量を少なく、すぐに正誤がわかるようにすることで、取り組む気持ちを削ぐことなく進めていけるかもしれません。

　コンピュータゲームというと、学習のじゃまになるものとして何かと批判されることが多いですが、コンピュータゲームの持つ人をひきつける仕組み（ゲーミフィケーション）を知ることで、続けやすく無理のない学習を考えるきっかけにもなります。

❖ アナログゲームを使った学習

　数を使ったボードゲームやカードゲームはいくつもあり、教材リストでも紹介しています。では、そういったゲームで遊べば自然と数概念が身につくのでしょうか。
ゲームで遊んだ、楽しかったというのはそれ自体が非常にいい経験になりますが、ゲームを与えれば数がわかるようにはなるかというと、遊ぶだけでは身につきにくいことも多いと思います。

　ゲームの利点は、楽しいことと人をひきつける要素がそろっていることです。

　数字を数えることが身についてきた頃に、数えるゲームを取り入れれば、数えるという経験を楽しんで積むことができます。

　大事なのは、身につけた力を楽しく発揮できる場をゲームによって用意することではないでしょうか。また、その力を十分に発揮できると子どもが感じるまでは、だれかと競う必要はありません。みんなで競うのは1人で心ゆくまで自分が身に着けた力を試したあとで十分だと考えられます。この本では1人でも楽しく遊べるゲームを選びました。

■色合わせゲーム ゆうびんポスト
(オーチャード・トーイ／ボーネルンド)

手紙と同じ色の郵便ポストに手紙を
入れるゲームです。ビーズやタイル
を色で集めることができるように
なったら、このような遊びをとおし
て、色でまとめることを楽しんでみ
るとよいですね。操作が簡単でやる
ことが明確なので、初めてのゲーム
にも向いています。

■かずカード (くもん出版)

半具体物と数字を対応させるカード
は数の理解に役立ちます。
表も裏も余計な装飾がないので見や
すく、数字と数のまとまりの理解に
使えます。

■動物のカウンティング・ボックス
(ボーネルンド)

具体物・半具体物・数字のマッチン
グが学べる教材です。
どの組み合わせもできるので、数え
ることができる段階、数えた結果を
半具体物とマッチングできる段階、
数えた結果と数字がマッチングでき
る段階まで使えます。

■磁石すうじ盤30（くもん出版）

数を正しく数えるには、数字の正し
い並び順を知らなければいけません。
数字を順番に並べる動作をとおして、
正しい並び順を身につける教材です。
見本の数字とマッチングができるよ
うになったら、裏面の白い面を使っ
て自分で並べることができます。盤
面が磁石になっているので、散らば
らずに並べることができます。

■クマさんとかぞえよう　（ロジス）

数の増減を学べるゲームです。カー
ドの指示に従って、野イチゴをかた
どったビーズをひもにとおして増や
したり、反対に紐から抜いて減らし
たりします。
数のまとまりがわかり、数えること
が楽しくなってきたら、このような
遊びをとおして数を増減するイメー
ジを育てることが効果的だと考えら
れます。
「減らすカード」、「増やすカード」、「自
分のいちごを人にあげるカード」な
どがありますが、最初は増やすカー
ドだけで遊ぶことがおすすめです。

■お買いものゲーム（ラベンスバーガー）

8枚のコインを使って、自分のお買いものリストにそって買いものするゲームです。ものを買うと自分のお財布のコインが減っていきます。

たし算・ひき算の元になる数の増減を学べます。お買いもの遊びは子どもたちに人気がある遊びの1つです。遊びをとおして、減ること・増えること・自分の持っているコインが買いたいものに対して足りるかどうか判断することを体験できます。

本来のルールでは8枚のコインを持って始めますが、ちょっと工夫してコインを10枚にすれば10の分解につなげる遊び方もできますよ。

■カウンティング・アップル（トイフォーライフ／ボーネルンド）

10の分解と合成を学べる教材です。りんごを育てる・りんごを収穫するという遊びをとおして合成と分解、補数を学びます。

ボードだけを使って計算の補助に使うこともできますが、付属の本の「りんごを育てて収穫する」というストーリーに沿って遊ぶことで、合成と分解のイメージが持ちやすくなります。

■ファンラーニング シェープス&カ
ラーズ（ナターン／ボーネルンド）

真ん中に穴の開いたプラスチックお
はじきのような教材です。指示カー
ドに従って、カードと同じようにス
タンドの棒にチップを刺すのが基本
的な遊び方です。見やすい鮮やかな
色で丸三角四角の基本的な形がそ
ろっています。

色で並べる、形で並べる、個数を指
定して並べるなどの指示カードがあ
り、発達の段階に合わせてさまざま
な遊び方ができます。形が似ている
ものもあり、注意深く見る、触って
形のちがいを実感するという遊び方
もできます。

指先の動きが苦手なら、指示カード
やスタンドを使わずに分けたりまと
めたりしても遊べます。色・形でま
とめることが身についてきた子ども
たちが夢中になる遊びです。

■カラーソーティングセット（ラーニ
ングリソーシズ）

果物や野菜を色で分けて遊ぶのに最
適なおもちゃです。果物と野菜があ
るので、「野菜のなかま」「果物のな
かま」という集め方もできます。

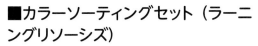

■見て、数えることができるよ（タグトイズ）

数字の型はめと9玉そろばんがセットになった教具です。

タグトイズは発達段階に合わせて発達を支援するおもちゃを作っているアメリカのメーカーです。数字と半具体物の対応をとおして数を学ぶ教材はさまざまなメーカーから出ていますが、1桁のみの数字と数のまとまりをていねいに扱っているのがこの教材の優れた点です。

型はめで数の並び順を学ぶこと、型はめと9玉そろばんで数字と数のまとまりのマッチングができます。数字だけ取り出して順番に並べ、数の並び順を確認することにも使えます。しっかりした頑丈な作りで、乱暴に扱ってもまず壊れません。幼稚園や通級指導教室の教具としてもおすすめです。

株式会社ブラザー・ジョルダン社より提供

■転がり落ちてくる数の箱　（タグトイズ）

上の穴にペグを入れてハンドルをひくと、下の四角い穴からペグが転がり出します。数の正しい並び順がわかったら、今度はそれを使って数える経験が必要になります。「数える」経験を楽しく積める教材です。

ペグを穴にさした状態で数えれば、整列をしたものを数えるトレーニン

株式会社ブラザー・ジョルダン社より提供

グに、ハンドルをひいて転がり落ちたものを数えれば、ばらばらになったものを数えるトレーニングができます。さらに、両方を組み合わせて、整列したものでも、ばらばらになったものでも数のまとまりは変化しない（数えたら同じだった）という経験を積むことができます。

ペグさし板は、数字が書いてある面の裏は数字がない面になっており、発達に合わせて使えます。「数える」ということを身に着けることをきめ細かくサポートする教材です。

■すうじザウルス　（HABA）

数字と具体物が書かれたカードを使った神経衰弱のようなゲームです。数字と同じだけの数の具体物カードを探し、マッチングさせます。

最初はすべての具体物カードを表向きに配置し、手元の数字カードと見比べて数える練習にすることがおすすめです。

株式会社ブラザー・ジョルダン社より提供

本来のルールは少し複雑なので、まずは数字カードと具体物のマッチングで遊び、数えることが上手になったら神経衰弱のように遊ぶのがおすすめです。

■3×4は？ パチリ！ （HABA）

九九で遊ぶ、かるたのようなゲームです。最初に遊ぶ九九の段を決めたら、10面のサイコロを転がします。例えば6の段で遊ぶと決め、サイコロの3の目がでたら、答えは18となります。そして答えの18のハエカードをハエたたきで素早くたたきます。

やることは非常に単純ですが、ハエたたきでカードを叩くという流れが面白く、人気のあるゲームの1つです。

九九が暗唱できるようになったら、その定着のために遊んでみるといいかと思います。

最初は1人で遊び、慣れたら大人と、その後何人かで遊ぶことをおすすめします。

株式会社ブラザー・ジョルダン社より提供

■タイム・ゲーム (オーチャード・トーイ／ボーネルンド)

時計の読み方を学べるゲームです。時計の長針と短針の読み方がわかってきたら、遊んでみることをおすすめします。

時計カードと自分の持つ出来事ボードに書かれている時間が同じなら重ねて自分のものになります。時刻を1日の中の出来事と合わせて覚えていくので、時刻を意識することにもつながるかもしれません。

teaching materials

■学習時計 ナンバーライン（ラーニングリソーシズ）

文字盤を取り外し、直線にできる時計です。時間の経過がイメージしにくい子にとって、時計の文字盤だけでは理解しにくいことがあります。時間を数直線に直せば、時間の流れがイメージしやすくなります。

これは、時計から数直線、数直線から時計という変形ができるので、時計と時間数直線の関係がイメージがしやすくなります。算数セットに入っている時計と併せて使い、見比べてみる方法もあります。

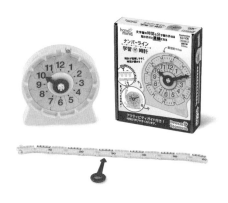

■バスストップ・ゲーム（オーチャード・トーイ／ボーネルンド）

10までの数の増減を学べるすごろくです。バスの運転手になって、お客さんを乗せたり降ろしたりします。今何人いるか、何人乗せるのか、降ろすのかを数えながら確認できるので、ものを数えることができるようになった子が夢中になりそうですね。

■サイコロたしざんかけざんランド（くもん出版）

2つのサイコロを振り、出た目の数をかけ、出た数のマスに移動していきます。九九を覚えたら、数字カードで暗唱するだけでなく、このような遊びをためしてもいいですね。

■タワーキューブ（ラーニングリソーシズ）

分数の意味を学びやすくなる教材です。分数では円を使って学ぶ教材が多いですが、ブロックのほうがわかりやすい子がいます。$\frac{1}{3}$を3つ重ねると1になるなど、分数のたし算を理解する際にもわかりやすいです。分数と小数の両方が学べます。

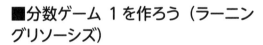

■分数ゲーム1を作ろう（ラーニングリソーシズ）

分数のたし算を学べる教材で透明な筒に色ごとに分けられた円柱ブロックを入れていきます。分母の異なった分数を合わせると1になるということが目で見てわかります。
ここから通分について学ぶこともおすすめです。

■ゾムツール

この本では図形について取り上げて
いませんが、空間図形が苦手な子に
おすすめの教材も紹介しておきます。
空間図形は紙に書かれたものをいく
ら見ていても辺や面の位置関係には
気がつきにくいものです。ゾムツー
ルはプラスチックの棒を使って図形
を作ります。
そのため、辺と辺の関係がわかりや
すくなります。

問い合わせ先リスト

●株式会社くもん出版
〒108-8617　東京都港区高輪 4-10-18 京急第 1 ビル 13 階
電話：03-6836-0301
https://www.kumonshuppan.com

●株式会社 ボーネルンド……ボーネルンド、オーチャード・トーイ社の商品
〒150-0001　東京都渋谷区神宮前 1-3-12
ジブラルタ生命原宿ビル 3 階
電話：03-5785-0860　FAX：03-5785-0861
https://www.bornelund.co.jp

●株式会社ドリームブロッサム……ラーニングリソーシズの商品
〒880-0123　宮崎市芳士 607
電話：0985-72-6622　FAX：0985-68-3108
https://www.dreamblossom.jp

●子どもの本とおもちゃ　百町森<small>ひゃくちょうもり</small>……その他の商品
〒420-0839　静岡市葵区鷹匠 1-14-12　ウィンドリッヂ鷹匠 1F
電話：054-251-8700　FAX：054-254-9173
https://www.hyakuchomori.co.jp

あとがき

　澳塩先生とは講演会などでご一緒しましたが、学習支援全般についても歯切れのよい講演でした。今回は澳塩先生の算数についての書籍のお手伝いでしたが、原稿の中には私の知らなかったこともあり、勉強になりました。

　わが国の教育は「繰り返し学習」への根強い信仰があり、読むのが苦手であればほかの子どもの 2 倍、3 倍と読む練習を勧められたり、書きについても同じ方針で進められています。算数においても苦手なあるいはテストの点数がよくない場合には、繰り返して学習することを勧められたりします。

　特異的学習障害という診断がつく、読み書きや算数が苦手な子どもたちがいることは以前から知られていましたが、それらは子どもたちの努力不足ではなく、まして知的な遅れでもなく、脳の機能的な障害によって起きることがわかってきています。しかしできなければ努力が足りないと見なされがちで、先ほどの「繰り返し学習」の罠にはまってしまいます。

　算数障害（計算や数量の理解への障害）を抱えた子どもたちがどのくらいいるかについて大規模な調査はわが国では行われていませんが、英国では Morsanyi らが 2018 年に 2000 人以上の小学生の調査を行い、5.7％に算数の障害が見られたと報告しています。男女差は明らかではなく、ADHD や自閉スペクトラム症に合併している子どもたちもいるという報告です。

　実際に算数の小さなつまずきを放置していると、結果として小学校 3 年生頃から算数の遅れが著しくなることはよく見られます。数の計算が苦手で、指を折って数えているときには数を順番に数えることはできても、数を概念として操作することはむずかしいことが多くなります。このあたりの最初のつまずきについては、適切な対応が必要です。

　また学校で習う「さくらんぼ算」についても、それが苦手な子どもたちが一定数存在するにもかかわらず、学校ではできないことで恥ずかしい思いをすることもあります。こんなときの対応方法も大切ですし、単位の混乱、時計を読むことの混乱などもよく見られます。ていねいにひとつひとつ解決していくことが大切です。

　知的には問題がなくても、算数の苦手な子どもたちは一定数存在します。しかしやり方を

工夫することでできるようになり、自信をつけるようになることは決して少なくありません。もちろん知的な課題を抱えていても、数の学びが生活の質の向上につながることもあり、学びの重要性は変わりません。

　苦手意識が根づいてしまい、数字を見ただけで逃げたくなるようになる前に、少しずつ理解を深めることができれば笑顔を取り戻せるかもしれません。子どもたちは「わかるようにならなければ楽しくならない」ので、繰り返して強制して計算させても嫌になるだけです。

　本書が子どもたちの算数の成功体験に少しでもつながることを、そしてうまく学べないままに学年が上がってしまった子どもたちの「学び直し」にも、役立つことを願っています。

Rabbit Developmental Research　平岩幹男

監修者紹介 -

平岩幹男 （ひらいわ・みきお）

1951年福岡県戸畑市（現・北九州市）生まれ。1976年東京大学医学部卒業後、三井記念病院小児科、1978年帝京大学医学部小児科、1992年埼玉県戸田市立医療保健センターに勤める。2001年母子保健奨励賞、毎日新聞社賞受賞。2007年同退職、Rabbit Developmental Research を開設。日本小児科学会監事、日本小児保健協会理事、国立研究開発法人国立成育医療研究センター理事などを歴任。現在はなかじまクリニック発達外来など。医学博士。身体障害福祉法指定医（肢体不自由）。

🐦 **Twitter@hiraiwamikio**
YouTubeチャンネル うさぎ1号

著者紹介 -

澳塩渚 （おくしお・なぎさ）

公認心理師。学習支援教室「まなびルームポラリス」主宰。
大学在学中より適応指導教室にて不登校の児童生徒の学習サポートを行う。発達に偏りのある児童の家庭教師等を経て、放課後等デイサービスおよび児童発達支援事業所にて、学習支援、ソーシャルスキルトレーニング等を担当。子どもたちの言葉の力を育むことが学習やコミュニケーションの充実につながると考え、現在は静岡市にて作文読解、コミュニケーションのための学習支援教室「まなびルームポラリス」を主宰。発達に偏りのある子どもたちが自分自身を適切に表現し、自立していくため力の育成を目指し、さまざまな活動を行なっている。

HP　まなびルーム ポラリス　polaris-manabi.com
🐦 **Twitter@OQCeeee**

イラスト：まうどん
組版：酒井広美
装丁：後藤葉子（森デザイン室）

〈ワークつき〉
子どものつまずきからわかる
算数の教え方

2021 年 6 月 10 日　第 1 刷発行
2021 年 6 月 30 日　第 2 刷発行

監修者　平岩幹男
著　者　澳塩　渚
発行者　坂上美樹
発行所　合同出版株式会社
　　　　東京都小金井市関野町 1-6-10
　　　　郵便番号　184-0001
　　　　電話　042（401）2930
　　　　振替　00180-9-65422
　　　　ホームページ　https://www.godo-shuppan.co.jp/

印刷・製本　恵友印刷株式会社

ISBN978-4-7726-1463-4　NDC370　257 × 182
©Hiraiwa Mikio, Okushio Nagisa, 2021